Georg August Schweinfurth

Linguistische Ergebnisse einer Reise nach Centralafrica

Georg August Schweinfurth

Linguistische Ergebnisse einer Reise nach Centralafrica

ISBN/EAN: 9783744699785

Hergestellt in Europa, USA, Kanada, Australien, Japan

Cover: Foto ©Andreas Hilbeck / pixelio.de

Weitere Bücher finden Sie auf **www.hansebooks.com**

ZEITSCHRIFT
FÜR
ETHNOLOGIE.

Organ der Berliner Gesellschaft

für

Anthropologie, Ethnologie und Urgeschichte.

Unter Mitwirkung des zeitigen Vorsitzenden derselben,

R. Virchow

herausgegeben von

A. Bastian und R. Hartmann.

Vierter Jahrgang.   1872. — Supplement.

Berlin.
Verlag von Wiegandt und Hempel.

Linguistische Ergebnisse

einer Reise nach Centralafrika.

Von

Dr. G. Schweinfurth.

Berlin.
Verlag von Wiegandt & Hempel.
1873.

Ich übergebe den Sprachforschern eine Anzahl Vocabulare und andere Proben von den Sprachen der das Gebiet des Bachr-el-Ghasal bewohnenden Völker.[1]) Selbst ein Laie auf diesem Felde vermag ich nur rohes Material darzubieten, welches Männer von Fach weiter verwerthen mögen. Diesen Weg einer selbständigen Veröffentlichung wählte ich indess nur in der Absicht, zu verhüten, dass der sprachlichen Umschreibung Gewalt angethan werde, was geschehen hätte können, wenn ein Sprachforscher von Fach bei Verwerthung meines Materials sich Abweichungen von meiner Schreibweise erlaubt haben würde, welche sich auf eine sehr sorgfältig erwogene Wiedergabe des Gehörten stützt.

Die Lautmittel der deutschen Sprache, mit Zuhülfenahme einiger wenigen aus anderen europäischen Sprachen, haben sich für den grössten Theil der hier veröffentlichten Vocabulare als vorzüglich, für den übrigen als ausreichend erwiesen. Um so leichter wurde es mir, dieselben mit Hülfe des Standard-Alphabet von Lepsius [2]) zu umschreiben.

Theodor von Heuglin leitet sein kleines Vocabular der Dor-Sprache (Dor heissen bei den Dinka die Bongo) in seiner „Reise in das Gebiet des Weissen Nils" Seite 381 und 382 mit folgenden Worten ein: „Wie schon bemerkt, ist die Aussprache dieses Stammes, sowie der meisten Negervölker im Gebiet des Abiad, eine sehr wenig scharfe und wenig artikulirte; sie enthält Doppellaute und Consonanten, welche mit unseren Buchstaben gar nicht wiedergegeben werden können. Ein Grund der Unverständlichkeit dieser Sprache für unser Ohr mag theilweise in dem Umstande liegen, dass den Schwarzen gewöhnlich die unteren Schneidezähne fehlen."

---

[1]) Von mehreren leider nur spärliche Reste früherer mir durch eine Feuersbrunst zerstörter Vocabulare.

[2]) Prof. Lepsius hatte die Gewogenheit, mich persönlich mit den Feinheiten seines Standard-Alphabets vertraut zu machen.

Eine 2½jährige Gewöhnung meines Ohrs an die Laute gerade der in Rede stehenden Sprache berechtigt mich, das Gesagte durchaus in Abrede zu stellen. Dasjenige, was der ausgezeichnete Forscher hier sagt, gilt zwar für die Dyur- (Schilluk-) Sprache, und in noch höherem Grade für die der Dinka, was die Nyamnyam, Kredy und Gôlo, vor allen aber die Bongo anlangt, ist man sehr wohl im Stande, mit den Buchstaben des Standard-Alphabets ihre Sprache wiederzugeben. Das Ausbrechen der unteren Schneidezähne wird von den letztgenannten Völkern nicht geübt, kann daher auch ihre Sprache nicht unverständlich machen. v. Heuglin hielt sich ausschliesslich im nördlichsten Theile des Bongo-Landes auf, wo die Einwohner die Sitte ihrer Nachbarvölker Dyur und Dinka angenommen haben, sich die unteren Schneidezähne auszubrechen. Der Bongo des Südens hingegen, namentlich die den Nyamnyam benachbarten, wissen nichts von einer solchen Verunstaltung. Mit Hülfe der Letzteren habe ich alle meine Aufzeichnungen controlirt und sah mich durch diese besonders in den Stand gesetzt, gewisse Schwankungen in der Aussprache zu vermeiden, namentlich wo es sich um den Zischlaut *sch* handelt.

Allgemeine Angaben über die bei nachfolgenden Sprachproben befolgten Regeln der Umschreibung.

1) Wo nicht Laute aus anderen europäischen Sprachen zu Hülfe genommen wurden (siehe die Vorbemerkung zu den einzelnen Sprachen), gilt für die Aussprache das normale Hochdeutsch, in der Regel das Deutsch der Bühnen, ohne Berücksichtigung etwaiger provinzieller Dialektverschiedenheiten.
2) Demzufolge sind alle Vocale, auf welche keine Verdoppelung des Consonanten folgt, gedehnt, alle diejenigen aber, auf welche ein verdoppelter Consonant folgt, kurz auszusprechen, z. B. *Ber* (Name der Dyur bei den Bongo) wie *Behr* zu lesen.
3) Bei Worten, die auf einen Vocal auslauten, ist dieser kurz auszusprechen, lang wenn ihm ein *h* angehängt ist.
4) Folgt auf einen Vocal eine Häufung von verschiedenen Consonanten, so ist die Dehnung durch ein eingeschaltetes *h* ausgedrückt.
5) Getrennt von einander auszusprechende Vocale sind durch einen Strich — von einander geschieden. Wo ein Strich fehlt, ist die Aussprache der Diphthongen wie im Deutschen.

Die Betonung einer Sylbe, ohne deren Markirung die Worte in vielen Fällen ganz unverständlich werden, ist accentuirt.

I. Sprache der Bongo.

(*Dor* heissen die Bongo bei den Dinka, *A-Kumá* bei den Nyamnyam, *O-Bong* bei den Dyur.)

Vorbemerkung.

Den deutschen Lauten wurde hier zugefügt *ò*, ein Mittellaut zwischen *a* und *o* (= dem schwedischen *å*).

Vocale der Bongosprache sind: *a, è* (= *ā*), *ò* (= *å*), *e, i, o, u*.

Diphthonge: *au, ei, oi, ui, uo*.

Folgende Consonanten fehlen der Bongosprache, im Vergleich zu derjegen der Nachbarvölker:

1) das deutsche *s, z* (französische *z*) und seine Verdoppelung *ss*.
2) das deutsche *ss, s* (in ass etc.) und seine Verdoppelung.
3) das deutsche *z, ts*.
4) beide Arten des deutschen *ch*, χ und $\jmath$.
5) das französische *j* in jamais, das russische *ж, ш*.

l und *r* werden von den Bongo deutlich unterschieden, im Gegensatze zur Sprache der Nyamnyam, Monbuttu etc.

Fast gleichlautend dagegen sind in der Bongo-Sprache *p* und *f*.

Ein häufiger Uebergang findet Statt von *b* zu *v* (*w*); auch findet nicht selten bei *y* (*j*) eine Umwandlung in *sch*, *š* statt.

Vor *b* steht häufig ein *m*, in welchem Falle eine Umwandlung in *v* (*w*) unterbleibt. Häufiger noch steht ein *n* vor *d*, *g* und *y* (*ń* etc.).

Auffallende dialectische Verschiedenheiten hat die Bongosprache in den einzelnen Distrikten des Landes, dessen Grösse derjenigen des Königreichs Belgien gleichkommt, und dessen Seelenzahl 100,000 nicht übersteigt [1]), nicht aufzuweisen. Den besten Beweis für diese Thatsache lieferte mir die völlige Uebereinstimmung aller Ausdrücke für Naturkörper, — als den am schärfsten begrenzten Begriffen einer jeden Sprache, — in allen Landestheilen.

Legten die Vocale auch hie und da innerhalb gewisser Grenzen einige Schwankungen an den Tag, welche wohl keiner Sprache ganz zu fehlen scheinen, so spielen doch gerade diese in der Bongosprache, als einer in hohem Grade vocalisirten, eine grössere Rolle als bei vielen anderen des centralen Afrika.

Um dem Urtheile der Sprachforscher in keiner Weise vorzugreifen, habe ich es unterlassen, irgend eins der vorhandenen Vocabulare centralafrikanischer Sprachen in Vergleich zu ziehen; ich spreche daher nur eine Vermuthung aus, welche sich wesentlich auf vereinzelte Anklänge in den Sitten

---

[1]) Die Einwohnerzahl ist während der letzten 15 Jahre durch den Sklavenhandel und Leibeigenschaft aller Individuen ausserordentlich decimirt worden. In allen Ländern des Islam wird man zur Zeit noch viele Bongo unter den Haussklaven der Vornehmen antreffen können.

der betreffenden Völker zu gründen schien, wenn ich verwandtschaftliche Beziehungen zum Volke der Bongo in den Ländern am Tsad-See erwarte.

Die auf den Handel mit Elfenbein basirten Unternehmungen Chartumer Kaufleute haben uns einen grossen Theil der oberen Nil-Länder erschlossen. Die theilweise Vergewaltigung jener Länder, wo Chartumer auf eigenem Grund und Boden feste Niederlassungen gegründet haben und über grosse Schaaren von Eingeborenen zu Trägerdiensten verfügen, bietet in dieser Richtung weit grössere Chancen dar, dem unerforschten Innern des Continents beizukommen als von der Westküste her, wo Eingeborene selbst den Handel vermitteln, Feuerwaffen im Gebrauche sind, die Vergewaltigung der Eingeborenen durch die Aufhebung des Sklavenhandels ausgeschlossen ist und dadurch Träger sowohl wie landeskundige Führer nur auf ganz kurze Strecken und noch dazu ohne jede Garantie gegen das Davonlaufen in den Dienst genommen werden können.

Der Sklavenhandel und Sklavenbesitz der Nubier in den oberen Nil-Gegenden bietet indess ganz speziell für die Sprachforschung das fruchtbarste Feld: 1) durch die Anhäufung von Repräsentanten einer grossen Anzahl verschiedener Völker des nordöstlichen Centralafrika, 2) durch die Leichtigkeit, mit welcher die Letzteren in den Niederlassungen der Chartumer sich das Arabische aneignen, ohne, wie es im Oriente der Fall ist, zu gleicher Zeit ihre Muttersprache zu vergessen, da sie hier im Verkehre mit zahlreichen Stammesgenossen beständig in der Uebung bleiben, Ohr und Zunge im Gebrauche heimischer Laute zu erhalten.

Diesen günstigen Umständen verdankte ich eine reiche Auswahl von Dolmetschern. Ausgehend von dem Grundsatze, dass in Afrika die erste Aussage einem Winke gleichkommt, eine zweite Bestätigung und die dritte Gewissheit in sich schliesst, fand ich in der Kritik des einmal Erworbenen die nothwendigen Beweise für die Echtheit meiner Aufzeichnungen. Indess musste die grosse Nüchternheit der zum Theil sogar von grammatikalischen Formen abstrahirenden Redeweise fast aller arabischen Bewohner Nubiens auch auf die Heranbildung von Dolmetschern für die Negersprachen ihren nachtheiligen Einfluss zu erkennen geben.

Das Arabisch unwissender Berberiner und Dongolaner, in deren ausschliesslichem Umgange ich Jahre lang verlebte, bot nicht leicht die Mittel an die Hand, hinter den versteckten Bau der Negersprachen zu gelangen.

Mir ist nicht bekannt, ob und in welcher Weise eine methodische Anleitung zur Ergründung des Sprachbaues unter ähnlichen Verhältnissen dem Forschungsreisenden zu Gebote stünde, ich meine eine Art Sokratischer Hebammenkunst zu dem Zwecke durch die Art des Befragen seines Dolmetschers das gewünschte Skelet der grammatischen Formen einer unbekannten Sprache erzielen zu können. Jedenfalls wurde mir der Mangel einer derartigen Anleitung zur Sprachenforschung aufs empfindlichste fühlbar; erst im Verlaufe der mühsamen Arbeit, gewann ich selbst hin und wieder den passenden

Schlüssel. Wenn ich allein des Zeitaufw[...] gedenke, den die Feststellung ganz einfacher Begriffe, wie z. B. die der Fürwörter, von: ich, du, er etc. in allen Sprachen erforderte [1]), von schwierigen Dingen ganz zu schweigen, so sehe ich mich wohl berechtigt, bei dieser Gelegenheit die vergleichenden Sprachforscher alles Ernstes zu Abfassung einer derartigen „Instruction zur Sprachforschung für Afrikareisende" aufzufordern, damit künftige Besucher jener Gegenden in ausgiebigerem Masse und mit geringerem Zeitaufwande als ich den gleichen Zweck zu verfolgen vermöchten.

Unter solchen Verhältnissen schätzte ich mich glücklich, auch in den Reihen der im Bongolande ansässigen Nubier, welche sonst fast ausnahmslos jeder Kenntniss der Landessprache zu ermangeln pflegten, einen vorzüglichen Dolmetscher zu finden, mit dessen Hülfe ich mich, da er der Schrift kundig eine Vorstellung von grammatikalischen Formen hatte, leichter mit dem Wesen der Bongosprache vertraut zu machen vermochte.

Hussēn Arbáb, ein junger Dongolaner, lebte seit 10 Jahren im Bongolande. Als 8jähriger Knabe kam er in's Land, wo er mit besonderem Geschick sich die Sprache der Eingeborenen anzueignen wusste und in Folge dessen als Dolmetscher in den Niederlassungen der Chartumer verwandt wurde. In dieser Eigenschaft lebte er auch mehrere Jahre ganz allein unter Bongo in ihren Dörfern. Da er das Land in seinem ursprünglichen Zustande bei Beginn der nubischen Invasion kennen gelernt hatte, so waren mir seine Angaben über die Sitten des Volks von besonderem Werthe und dienten mir zur Bestätigung theils eigener Wahrnehmungen, theils von Bongo selbst eingezogener Erkundigungen.

Durch ihn erzielte ich eine annähernd wörtliche Uebersetzung nachfolgender Sätze, welche zur weiteren Prüfung den Bongo vorgelesen wurden. Nachdem ich mich versichert, ich sei von ihnen verstanden worden, wandte ich mich an die eingeborenen Dolmetscher, mir die Sätze aus dem Bongo zurück in's Arabische übersetzen lassend. Bei vorkommenden Abweichungen wurden alsdann die weiteren zur Ergründung der Wahrheit nothwendigen Recherchen vorgenommen. Aehnlich war mein Verfahren bei Zusammenstellung der aus den anderen Sprachen entlehnten Proben.

Substantiva und Adjectiva.

Abend	*taggá hendó*	alt (bejahrt)	*pèng* od. *puéng*
Achselhöhle	*himbéli-gih*	allein (für sich)	*kangási*
Ader	*kíddi-gih*	Angst	*mangirr*
ärgerlich	*atamátta*	Arm	*gi-ih* od. *gígih*
After	*hègúšu*	arm	*bingúrr* od. *ngorr*
alt	*bokkó*	Arznei	*kággarogih*

---

[1]) Auf die Frage „was heisst: ich" antworteten die Dolmetscher regelmässig „du" u. s. w.

Arzt	béddovagih
Asche	burrukú
Ast	lengá-kágga
Auge	kommo-ih od. kommogih
Augenbraue	mbirringbirr-kommo-ih
Augenlied	hebána-kommo-ih
Angelhaken	kodéh
Athem	hogih
aufrecht stehend	bah-dòh-tórro
ausdauernd (perennirend)	mar-na-ndor
Bach	kull
Backe	ngába-gih
Backzahn	mbo-dókko-gih
Bauch	hèh-gih
Bart	bitára-gih
Bast	loyó
Baum	kágga
Beil	firá od. pirá
Berg	lánda
Beschneidung	ngerr
Bein	bóndo-gih
besser	èmmèdó
bester	èmmegpá
bereit	naúro
Bettstelle	tambára
betrunken	legi nóroyi
Bild	moiògó
Bier (siehe Merissa)	
Bindfaden	lára
bitter	attamátta
Blase	ruhéddi
Blasebalg	láo bòrro od. bòrro
Blatt	mbélli-kágga [1])
blau (siehe schwarz)	
blind	bingúdu
Blut	tráma
Blüthe	hiró
Bogen	heñá
Boot	yéhi

breit	abamába
Blattern	mboló
Böses	kúña
Blei	jofóddu
Brei (siehe Mehlbrei)	
Brod	mómbata
(in Asche gebackener Teig)	
Brunnen	goddá
Brust	dokiddi [2])
Brüste (Brustwarze)	maia
Buckel (siehe Höcker)	
Butter	hebbu maia
Blitz	hetorró pègih
Dach	doh-ruh
Darm	tekkéh
dick	irriri
Deckel	ayí
Dieb	bibóggo
Dolmetsch	bikèhefir
District	beh
Donner	ndu hetórro
Dorf	beh
doppelt	riangórr
Draht	máka
Durst	kuddá od. koddá
Dorn	kiñó
Dunkelheit	mull
Düse (Thonröhre)	atéúh
durchbohrt	úitti
(z. B. die Ohren)	
Durchfall	hekónn
Ecke (Winkel, Kante)	goñó
Ei	boh
Ellbogen	dohglúlglul
Eisen	gañá
Eisenschlacke	ti-gañá

---

[1]) d. i. Ohren des Baums.

[2]) d. i. Haupt der Adern.

Eisenplatte (als Geld)	lóggo kúlluti	Fuss (siehe Bein)	
Elfenbein	kòkiddi	Friede	lòmm
eng	òlláh	Führer	boio kóngo
Erbrechen	tiddí	Galle	kèh
Erde	bíhi	gargekocht	didiró
erschossen	naró	Gattin	momm
Euter	hebána maia	gebunden	odáda
Eiter	u-ih	Geschrei	tuddú
		Gedächtniss	dobbá-na-loáh
Fahne	mafèljel	gelb (und roth)	kamá-kehè
Fest (Fantasia)	ngoio	geduldig	bána-ròfere
Festordner	nère-ngoio	gefrässig	monj nahébba
faul (stinkend)	òtumòtu	geheim	dakefir-dekortá
faul (träge)	búddi	gehorsam	mbámi-ayigimá
Faden	kudduhú amér-mer	gekocht	mareréie
Feder	bihòl	Gelächter	kuggú
Felder	ńakká	Geliebte	mbòlongáma
Fell	hebána	Gesandter	ifibá
Ferse	fúttujúttu	Gesang	ngoiyó
Feind	mimòkó	geschickt (behend)	nároba
Fessel (siehe Ketta)		Geschlechtstheil	
fett	bitobbó	männlicher	hèddi
Fett	hébbu	weiblicher	dòh
fertig	oborró od. nabenká	Gestell	tátta
fest	nado-tórro	geschoren	dóbba nángbè
Feuer	fóddu oder pódilu	geschmückt	bibirrá
Feuerzeug	mambelèfè	geschwollen	tiffi-tifñ
(aus zwei Hölzern)		Gift	tóbbo
Fieber	lomagóbo	giftig	merá náha
Figur aus Holz	moiògó gih	glänzend	ododó
Finger	dohgijih	Glück	lóma
Fischkorb	karú	Glocke	golóngolo od. gongoló
Fischstecher	gòllo	Gott	lóma
Fleisch	mèhi	Gruss	mondoyó
Fliegenwedel	yallá	Grab	dódo
Flinte	lany (lań)	grausam	beáki
Flucht	òllmòllo	Grossvater	toh
Fluss	ba	Grossmutter	tohmbágaba
Freund	mbòlongó	gross	komúndubo
Funke	knio	grösser	olláln
Furcht (siehe Angst)		grösster	olágpa oder ullápane
Fusstapfen	kóri gih		

grün (siehe schwarz)		Hof, Gehöfte	ntudò
Gummi	koddòh	(eines Schechs)	
(Harz)		Höhle	gòh-landa od. gubbihi
gut	améndako, èmmeméh	Honig	kámba
Grube	goh	Horn (Gehörn)	dohlingé
Guitarre	kundú	Horn (zum Signal-	mangòl
Guttapercha	monó	blasen)	
		Holz, z. brennen	ngirr
Hagel	dolánda	Holz, grünes	kágga
Haar	bih	Holzhorn	mburá
Haarnadel	gigána	(zum Blasen)	
Hammer	ber od. mađòki	Hüfte	kommokottó
Hand (siehe Arm)		Hügel	killébi
Haken	golló	Hürde (siehe Viehpark)	
halb	ekebáke	Hunger	heyí
Hals	gò-gih	Hungersnoth	boh
Halsring	bor-gò-gih	Hure	bekóda
hart	tigó-tigó	Husten	góhi
Harn	hèddi	Harz	koddòh
Haus	ruh	Höcker	pòlo
Haut	hebána		
Haufen	ulúlu	Insel	diti
Hälfte	kakehá	irr (siehe verrückt)	
Häuptling	nére		
(Schech)		Jäger	bimámba
Heirath	ngo	Jahr	ndor
heimlich	bákobu	jung	éggima
heiss	edìđ	Jüngling	mbála
Hemd	láo	Joch, für Sklaven	kágga-gò-gih
hell	aramárra		
heute	ndann	kahl (ohne Haare)	rotó
Hexe	bitòbó	Kamm	mbireli
Herz	kúllu	Kälte	dih
Himmel	hetórro	Karavane	lòki
Hinken	kòbbú	Kautschuk	moddòh
Hintere	gúđi-gih	Kauf (Verkauf)	ndóggo
(podex)		Kette (zur Zierde)	gúndi
hinterlistig	nyòlle	Kette (Fessel)	mayingilli
Hirn	kòllá-kòllá	Keule	bel od. akbòmo
hoch	natórro	Keule z. Dreschen	ibangá
hockend	hòdó	Kehle	koloró-gih
Hoden	dogónm	Kehlkopf	yangá-koloró
Hodensack	hebánagomm	Kind	mah

Kinn	*ndibó*	Lärm	*nlomm*
Klaue	*kòrro-kòrro*	Last	*aygi*
klein	*nangattikánn*	Lastträger	*buagíh*
Knabe	*gimá*, plural: *gimóh**)	Leber	*hirró*
Knie	*kúkkuhu*	leer	*hangbèh*
Knochen	*killengbá*	Leiche	*mómbo*
Knoten	*gull*	leicht	*hellelé-hellelé*
Kochtopf	*kotóh*	Lenden	*kommokóto-fálla*
Köcher	*mafirr*	linker	*bággel*
Kohle	*killili*	Listige	*biróń* (*biróny*)
Kopf	*doh-gíh*	Loch	*mbugbú*
Kopfpolster (zum Tragen v. Lasten)	*kulénim* od. *kuleim*	Löffel	*fálla* oder *pálli*
		Luft	*hellelé*
Korb	*gorrotó*	Lügner	*mbió*
Komet	*kirhòllo*	Lunge	*kokó*
Korn (Getreide)	*mony* (*moń*)	Lippe	*hikogíh* oder *hebána-*
Kornspeicher	*gòllotó*		*tarra-gíh*
Koth (Excremente)	*ńh*	lustig	*roking*
Krätze	*yeáń* (*yeány*)		
Kreuzknochen	*kòtò*	Mädchen	*ngáda*
Kürbisschale	*kòdó*	Magen	*tekkéh*
Krug zu Wasser	*kètéh* (nicht *kotóh*!)	mager	*ménde*
Kriegstanz	*kummú*	Mann	*boddó* oder *boh*
Krieg	*mòkó*	Mark	*hébbu-killingbá*
Kriegsgeschrei	*korongó*	Mahlstein (Murhága)	*pam*
Kupfer	*télo* oder *télu*		
klug	*bididi*	Mehl	*rúdu*
krank	*móddo*	Mehlbrei	*ndúmu* oder *néddum*
Kugel	*kullukúll*	Meissel	*kirr*
kurz	*killigbi*	Merissa Bier	*legi*
krumm	*korèngoáh* od. *nguonguáh*	Mitte	*dodédda*
		Mensch	*gíh*
		Messing	*damárr*
lang	*lór-bagba* oder *kamákagbá* oder *kamákoloré*	Messer der Frauen	*tibá*
		Messer	*mambrémbe*
		Milch	*maia*
Lanze (cuspis)	*mèhéh*	Mittag	*tágga*
Lanze mit Dornen	*makrigga*	Monat (Mond)	*nihí*
Lanze mit Haken	*gòllo*	Milz	*hungbá*
Lanzenschaft (hastile)	*ger-mèhéh*	Morgen	*ndóndo*
		Mutter	*mbagá*

*) Einzig vorkommende Pluralbildung, die nachzuweisen war.

müde	*moi-oiyó*	Pincette	*pinó*
Mörser	*tingól*	Pocken (siehe Blattern	
Müngala (ein Spielbrett mit Steinen zu spielen)	*to-i*	plump	*obbomóbbo*
		Pulver (z. Schiessen)	*fóddu*
		Pfanne	*loggo küllutí*
Mulde (zum Oelpressen)	*ba*	Perlen (Glas-P.)	*ákbaš*
		Arten nach Chartumer Benennung:	
Nachgeburt	*ńih (nyih)*	-Damaraaf	*ákbaš kéhi*
Nacht	*ndan*	-Neautét	*ákbaš koń*
Nacken	*gòh*	-Mûria	*ákbaš kákpu*
nackt (ohne Schurz)	*mboláh*	-Genetòt	*ákbaš règrágo*
Nabel	*kumm*	-Bêrred	*ákbaš léru*
Nagel (d. Fingers)	*kòrrókòrro*	punktirt	*règrágo*
Name	*ròh*		
Nase	*hommó*		
nass	*oyimóyi*	Rache	*mókóbeh*
Narbe	*dofúrr*	Rauch	*šoká*
Nebel	*kuńutú*	rechter	*bomóń*
neu	*makandá*	Recht	*ayéma*
Nest	*ruhól*	Rede	*fir*
Netz (z. Fischfang)	*boi*	Regen	*hetórro*
Netz, Wildgarne	*mbirá*	Regenbogen	*ngilligbi*
Niere	*ńokóllome*	Regenzeit	*hébbi*
nützlich	*namé*	reich	*ági*
		reif	*endwó*
		rein	*aramárra*
offen	*imminémii*	Reise	*korbéh* oder *korvéh*
Ohr	*mbill*	Reuse (siehe Fischkorb)	
Ohrfeige	*ngavá*	Rinde	*hebòngo*
Oel	*hébbu*	Ring von Eisen	*bor*
Ort	*behé*	Ringbeschlag am Unterarm	*dánga-bor*
Ortsvorstand	*ńére (nyére)*		
Ost	*ndóndo*	Rost	*mindi-gańd*
Ordnung	*tobá*	Rücken	*hòggó*
		Rippe	*barrá*
Pallisaden	*gèo*	rund	*engbèngbe*
Pauke	*kibbi*	roh	*oioah*
Peitsche	*mbánda*	roth	*kamakehé*
Pflock	*hitú*		
Pfiff	*kòl*	Sack	*moddá*
Pfeife (zum Tabak)	*kutabbá*	Sahne	*hirombú*
Pfeifenrohr	*ger-kuttabá*	Salz	*tóddo*
Pfeil	*kére*	Samen	*kohó*

Sand	*haía*	Sohn	*gimá*
Sandale	*rakká*	Sonne	*káddá*
satt (gesättigt)	*tikkitikki*	Spaten	*lóggo*
sauer	*mbologám-mbolongá*	Sohle	*hegbándo*
Säugling	*gimá helèh*	Speise (zubereitete)	*hèta*
scharf von Geschmack	*affamáffa*	Speichel	*héro* oder *hirr*
Scharlachfieber	*tungbu-i*	Spiel um Gewinn	*kidih*
Schatten	*dill*	Spitze	*doh*
Schemel	*hégba*	Spion	*bingulé*
Scheitel	*hebongódogih*	Sprung	*vòrro*
Schelle	*gerrá*	Stachel	*kiñó*
Scherz	*ndekké*	Stroh	*kòkó*
Schild	*bétti*	Sprache	*ndu*
Schlaf	*bih*	stark (von Tabak)	*iniinláko*
schlecht	*oñáña (onyánya)*	stark (kräftig)	*bittitigó*
Schlinge	*kòrró*	Staub	*hirúm*
Schmelzofen	*berr*	Stein	*lánda*
Schmidt	*bórro*	Stemmeisen (siehe Meissel)	
Schnarchen	*ngonn*	Stern	*kirr*
Schneide	*kòh*	Sternschnuppe	*kirruturro*
Schmutz (im Hause)	*nokkú*	Stirn	*dòkommo*
		Stock	*bel*
Schmutz auf der Haut	*mindí*	stumpf	*afáh* oder *koididi*
		Strasse	*kóngo*
schön	*èmmemé*	Strick	*kébi*
Schurz	*bòngo*	Sturm	*hellelé-olálla*
Schwanz	*hòlóh*	Suppe	*tollomèhi*
schwarz	*kamá-kulluléh* od. *kamá kultéh*	stumm	*manbáng*
		süss	*iñiñi (inyinyi)*
schwach	*ménde*	Sumpf	*ngoñá*
schwer	*irrírri*	Syphilis	*ñangí*
Schweiss	*bekkiśih*	Stottern	*biándo*
Schüssel v. Holz	*koddò-kágga*		
Schuppen (Sonnendach)	*fifi*	tapfer	*mbillibill*
		taub	*nbuttú*
Schulter	*guttú*	Tag (nicht Nacht)	*kádda*
Schwert	*mambrambé*	Tanz	*ngálla*
schwanger	*mah-na-hèh-koh*	Tätowirung	*mongó*
Seriba	*gèo*	Teufel	*bitòbó*
See (Teich)	*ròbó*	Teich (Regenteich)	*párra*
Sehne	*kiddí*	Teig	*kóah*
Sklave	*ngaśéh*	Thau	*tòlló*

tief	goh	Waise	mándoñih
theuer	òlláh	Wachs	koddòh
Thräne	tòlló	Wächter	bikurrbihi
Thon	dukkú	Wald	kágga
Thür	kombóttu	Waldgeist	rónga
Thüröffnung	mbóttu	Wasser	mini oder min
Thürpfosten	kágga-kombottu	Wasserflasche	bungur
Traum	mailubórr	Wasserschlauch	modilá mini
Tochter	ngáda	Wade	bòki
trocken	hòkónne od. nangánga	weich	oyimóyi
Tropfen	tòlló	Weib	komará
Trumbasch	bengá	Wechsel	
(Wurfeisen der Nyam Nyam)		(monatlicher der Weiber)	moddo-ba-konurá
trunken	róyo		
Termitenbau grosser T.	dukkú	weiss	kamá-konyé
		weit (offen)	kalánga
kleiner T. (pilzförmiger)	kidilliku	wenig	nangattikánn od. olláh
		Westen	taggáh
		Wild (Antilope)	mèhi
Ufer	tengi	Wind	hellelé
unbekannt	motánga-nèhuá	Wildgarne (siehe Netz)	
unbewohntes Land		Wolke	dill
(Akaba)	hehikaggá	Wille	fir
ungeduldig	ńańabá	Wunde	furr
Unglück	lóma-ńa	Wurfeisen (siehe Trumbasch)	
unnütz	èmme-uáh	Wurzel	giáh
Unrecht	dokúllu		
unreif	makoyé	Zahn	dokkó
Unterleib	dòbbagih	Zange	kittefáh
		Zauberer	belomá
Vater	bóbu	Zeug	láo
Verräther	biriñó	Zehe	ngèlengèls
verbrannt	lalángba	Zinn	fóddu bařòllo
verfault	nakańómm	Zunge	ndatárra
verschwiegen	báńa-gó-férri-oáh	Zwerg	killikpi
verwandt	gihbagih	Zwillinge	ronga
Viehpark (Murach)	kéti	Zaun	kòkó
voll	nařd		
verrückt	bindáko	1) Personen-Namen.[1])	
Verschneidung (Castration)	bòři	masc. Báki	

[1]) Die Personennamen variiren bei den Bongo in weit höherem Grade als bei den Nyam nyam, wo sie sich häufig wiederholen.

Beri		Cynocephalus	
Góń (Gony)		(Babuin?)	kungá
Kuń (Kuny)		Fledermaus	biru
Nyel		Igel	ndudúpirákpeh
Rónga		Spitzmaus	tóndo oder tóndo
Pomadé oder Bomadió		Ratclus	nirr
Sólli	Yáyla	Canis variegatus	galá
Ndúggu	Ngóli	Canis pictus	ugll
Dóliba	Baikó	Hyñne	hilu
Guiya	Sábbi	Civette	kúrruku
Bongerá	Jáboko	Genette	dongó
Dangá	Mbellembé	Ichneumon	ngorr
Abulegi	Gúrrá	Löwe	pull
Kyié	Mindá	menschenfres-	
	fem.	sender Löwe	ngará
Gúggu	Mangói od. Manguai	Leopard	kòggo
	Yétte	Caracal	mudok pòlláh
			auch yok pòlláh-purr

2) Thiernamen.

I. Hausthiere.

Hund	bihi
Hündin	mbagá-bihi
Ziege	biña (binya)
Ziegenbock	boh-tól
Schaf	rómbóh
Kuh	ła
Bulle	boddoíá
Kalb	giłá
Kameel	amánda
Esel	dkaia
Pferd	dongó [1])
Huhn	ngóno
Hahn	dokóllo

II. Wilde Thiere.

Schimpanse	dédala
Colobus	ndóllo
Galago	ndorr
Cercopithecus griseoviridis	mánya
Cercopithecus pyrrhonotos	gúmbi
Serval	grégge
Katze	mbirá-u
Eichhörnchen:	
Sciurus leucumbrinus	rémme
Sciurus sp. grisea	urénye
Ratten, Mäuse	higgéh
Wanderratte	luń (luny)
Hausratte	rohpattá oder higgéh-ruh
Golunda pulchella	yangá
Meriones	mokokó od. higgéh-ńakká
Meriones sp. minima	mangbélle
Aulacodus Swinderianus	bóko
Huse	battá
Stachelschwein	kéhoa
Schuppenthier	konn
Elephant	kiddi
Rhinoceros	baiá
Hippopotamus	hábba
Klippschliefer	mberedú
Phacochoerus	bódu

---

[1]) Von Dónkórr, Pferd in der Dinka-Sprache.

Sus sennaarensis	mondó		Chamaeleon	ndalikó
Giraffe	killirú		Crocodil	ngańá
Antilopen	mèhi*)		Frosch	mboddó
A. Oreas	mburréh		Kröte	mboddó búbu
A. leucophaea	máńu		Schlange	kerańá
A. defassa	búbu		Fisch	kińi
A. leucotis	kalá		Käfer	maqilingáńa
A. arundinacea	yòlo		Holzkäfer (bostrichi)	tòtò
A. scripta	tóbbo		Heuschrecke	mangéll
A. caama	kária		Grille	magírr
A. senegalensis	tánge		Fliege	ngóngo
A. grimmia	dili oder dilu		Engerling (vom Nashornkäfer)	tindill
A. Madoqua	hegolé			
A. sp. minima	mbúrrumu		Cicade	nuer
A. sp. minor, rufa, concolor	dongbó		Biene	ngóngo-kámba
			Libelle	ngóngo-hilu
A. Addax	aúel		Mücke	mèhikull
Büffel	kóbbi		Raupe	kurr
Maulwurf	brumm		Schmetterling	manindi
Vögel	hóli		Wespe	mambirr
Taube	kitibú		Zecke	kuń (kuny)
Turteltaube	ngi		Termite	tirá
Nashornvogel (Tmetoceros abyssinicus)	gúlluku		Ameise	teh
			Krabbe	kúldirá
Trappe	bórro		Skorpion	hèń (hèay)
Perlhuhn	táńa		Spinne	maróndo
Strauss	kánga		Tausendfuss (scolopender)	kalungúli
Reiher	bòrro-kuyá			
Papagei	kèke		Kopflaus	mańiki
Milan	hílleleh		Wurm	kuddi
Aasgeier	rangá		Blutegel	kuddimini
Rabe	gáki		Kauri (cypraea moneta)	gáki
Kuckuck (Centropus monachus)	jorró		Schnecke (Achatina)	héllobo
			Muschel	helletéh
Gans	bitti-bitti			
Ente	mónmolu			
Schildkröte	kándu		3) Pflanzennamen.	
Eidechsen:			I. Culturpflanzen.	
Stellio	gágga		Sorghum vulgare	moń
Scincus	gindélla		Sorghum saccharatum	ngau
Geko	maia		Penicillaria Plucketetii	kollaio
Varanus	mangraúa			

*) mèhi = Fleisch, wie moń = Essen.

Eleusine coracana	*kéll*
Zea Mays	*tibbèl*
Sesamum orientale	*dabolá*
Hyptis spicigera	*kindí*
Nicotiana rustica	*maxirr*
Nicotiana Tabacum	*tábbu*
Arachis hypogaea	*mandá démbo*
Voandzeia subterranea	*kúru* od. *kurr*
Cucumis Chate	*kullóhi*
Cucurbita maxima	*tiggé*
Batatas edulis	*kellkaia*
Dioscorea alata	*mottó*
Hibiscus Sabdariffa	*billiber*
Ricinus communis	*ngulú* od. *unglò*
Capsicum fruticosum	*bódilimo*

II. Bäume und Sträucher.

Butyrospermum Parkii	*Kor*
Borassus flabelliformis	*mbèrre*
Tamarindus indica	*mahai*
Anogeissus leiocarpa	*heddó*
Randia dumetorum	*makrigga*
Terminalia sp. pubescens macropterae aff.	*gúrfa* od. *gorroji*
T. macroptera	*kelle* od. *tielle*
Combretum sp. coriacea	*keraná*
C. sp. pubescens	*tungúru*
Philenoptera lonchostylis	*bellí* od. *belló*
Ph. sp. alba	*lèbbe*
Ph. sp. macrophylla	*dellokoio*
Parkia afrikana	*mbollotó*
Grewia velutina	*ngaèá*
Gr. sp. micropetala	*tinginn*
Caillea dichrostachys	*kagga hegboti*
Crossopteryx Kotschyana	*killengbá*
Vitex umbrosa	*hélu*
Celastrus senegalensis	*belletó*
Cassia fistula	*lóndi*
Gardeniae sp.	*kirboddu*
Zygia Brownei	*kirmánga*
Capparis sp. Hartmanni	*mañukúrru*
Acridocarpus	*yére* od. *gérro*
Diospyros mespiliformis	*kollomé*
Humboldia sp.	*kobbó*
Ximenia laurina	*kallakiti*
Anonychium lanceolatum	*gerr, gyll* od. *gorri*
An. sp. quadrigonum	*reré*
Sarcocephalus Russegeri	*tingéh*
Sterculia tomentosa	*biñó*
Capparis tomentosa	*mángidi*
Anona senegalensis	*mbóli*
Euphorbia mamillaris	*bolló* od. *mattiroio*
E. candelabrum	*kòkó*
Acacia verugera	*kekké*
Ac. sejal	*kinodill*
Ac. catechu	*ngukkú*
Bauhinia tamarindacea	*biži* od. *biži* od. *binni*
Zizyphus bakis	*mongodó*
Kigelia africana	*hekkii*
Strychnos innocua	*gorrogórru*
Khaya senegalensis	*bóllo, bálo*
Urostigma platyphyllum	*kòbbu*
U. luteum	*mbéri*
U. glumosum	*kérré*
Encephalartus sp.	*kágga-kúnda*
Chrysophyllum sp.	*júggu*

Carpodinus acidus	*móno*
C. sp. minor	*njollá* od. *niulla*
Pterocarpus abyssinicus	*tirná*
Mimosa asperata	*korrokórro mbriá-u*
Rhus villosum	*kirrengáñ*
Carissa Schimperi	*hillengill*
Albizzia sp.	*bénde*
Detarium	*mallagúttu*
Lophira alata	*mbérra, mbárra*
Boscia octandra	*abbér* od. *mbagatókki*
Protea abyssinica	*eida*
Anaphrenium pulcherrimum	*gó-i*
Hexalobus sp.	*pórro*
Filaea sp.	*beki*
Syzygium guineense	*kudukúllu* od. *gádakull*
Gardenia sp. tinctoria	*bogbúrra*
Spondias myrobalanus	*kóllomo*
Ficus rigida	*hé-u*
Soymida rhopalifolia	*kiddihi*
Bambusa	*mbredi*
Gssypium sp.	*kudduhú*
Paullinia senegal.	*malle-lebúr*

III. Kräuter, Gräser, etc. ndomá

Talinum roseum	*kágya-túbba*
Coccinia djurensis	*mándibo*
Momordica Vogelii	*kolló*
Trochomeria djurensis	*móddo-bihi*
Cochlospermum niloticum	*kiná-tramá* od. *gangbó*
Cissus populifolius	*loyó*
C. Schimperiana	*bollohú*
C. quadrangularis	*lollóh*
Courbonia virgata	*abbér*
Echinops longifolius	*muttúdu*
Asparagus Pauli Guilelmi	*hiringai*
Clerodendron cordifolium	*ndinn*
Sauromatum	*hedikúngu*
Crinum abyssinicum	*tau*
C. Tinneanum	*mirá*
Stylochaeton lanceolatum	*umbilliyá*
Phragmites	*kokáh*
Driminae sp.	*kuráh*
Oryza punctata	*jókil*
Moos	*ndonn*
Pilz	*kahú*
Boletus hegba	*mboddú* [1])

IV. Völker-Namen.

Nubier	*Turr* od. *Turru* [2])
Djur-Luòh	*Ber*
Dinka	*Dyange*
Nyamnyam	*Mañañú*
(bei den südöstlichen Bongo	*Mundo*)
Babúkr	*Mundo*
Mittu	*Mittu*

---

[1]) Dies zu deutsch *Frosch-schemel*, wie im Plattdeutschen: *poggen-stauf*, englisch: *toad stool*.

[2]) Da sie sich im Bongo-Lande Türken (*Turrúk*) nennen.

V. Zeitwörter.[1]

	Praesens 1 Pers. Sing.	Praeteritum 1 Pers. Sing	Imperativ Sing.	
ändern	mimánova		imanóva	
ablassen (aufhören)	mońába	mońáro	ońába	
anzünden			túh fóddu	
ausspannen (Felle s.)	madódo	modödóro	dodó	
ausbreiten			hòkó	
baden	madogróma	modogobóro	dogró-iba	
beerdigen	mehí	mehídu	ehíba	
beschneiden	mongá	mongádu	ongábba	Infinitiv: nga
beten (mohamedan.)	madumalá	modumaláro	odumalá	Infin. subst. alá
beissen	mongá	mongabáro	ongá	
besiegen	—	modúdu	úduba	
biegen	moraba	—	òrádene	
beischlafen	mámońo	mońáro	ońobá	
bewachen	mákoro			
blasen	mutúba	matúro	túne	Infin. tuh
bleiben	1 máhndo 2 ihndo	mahndihíro	ndihí-iva	
braten	mirešíwa	murešíro	rešíva od. rešíneva	
bringen	mibídeva	mibidéro	ibídeva od. yédde	
brechen (Holz z. B.)	midi-sba	midiéro	dieva	
binden	móddabba	moddáro	oddáro	
drehen	mingbèba	mingbèro	ingbèha	
drücken	mitdbaba	mitabáro	tabánne	
durchbohren (mit der Lanze)	modúbbabu	modubóddu	odúbba	
eintreten (in's Haus)	—	—	ollubór	
entfliehen	mòllòba	mòllòro	òllòba	
erbrechen (vomiren)	mitíddi	mitíddiro	itíddi	

[1] Zwei Conjugationen scheinen vorhanden zu sein, die 1te mit a i u im Praesens 1 Pers. sing. auslautend, hat im Praeteritum adu, idu, udu, die 2te mit aba, eba, uba, oba, ava, eva, uva, ova, iva, oma, im Praesens bildet das Praeteritum auf ára, èra, etc.

	Praesens 1 Pers. Sing.	Praeteritum 1 Pers Sing.	Imperativ Sing.	
erinnern (sich)	mbillima			Futurum.
essen	Sing. 1 mónbu	1 moníró	óniba	ma mai món koma
	2 ih monne	2 ońiro		ih mai món ko-i
	3 bah monne	3 boniró		ba mai món kobá
	Plur. 1 geh monne	1 ońigiro		geh mai món kogé
	2 hè monne	2 onihiro		hè mai món kohè
	3 yeh monne	3 oniyéro od. yuónuro		yeh mai món koyé oder: ma mai mónne ih mai mónne u. s. w. Particip praet. oniró Infinit. mon[1])
fangen	motúgba	motugbáro	túgba	
fallen	motúdu	motúrro	okúbba	
finden	1 mòtá	1 mòtárro		
	2 etá	2 òtárro		
folgen	madòkòrbá	nadòkòrbáro	dòkòrbá	
fragen	mondoyebá	mondoyeró	ndóyoba	
fürchten	1 mameré-i	merenéro		
	2 ih meré			
genügen (es genügt dir)	1 obbomáro			
	2 obbotro			
	3 obbobáro			
	3 fem. obbohóro etc			
jäten	modòbba	modòro	odòbba	
gehen	máhnde	mindéro	ndèca od. ndèhera	Infin. ndè
giessen	mogibi	—	ogibá	
graben	millé	—	illé	
grüssen	mahndoyú od. mondoyoné	mondoyiro	ndoyiba	
geben	mabigibba [2])	mabigiro	ibidera ibigibba od. eiba	
häufen	migeba	migero	igéba	
heben	málòbba	motòrro	otòbba	

[1]) von món = Sorghum vulgare
[2]) Offenbar dem arabischen nachgebildet, oder von bi abzuleiten, nähmlich mabi gi bab, oder wohl richtiger: 1 mabi, 2 ibbi, 3 babbi

	Praesens 1 Pers. Sing.	Praeteritum 1 Pers. Sing.	Imperativ Sing.	
hören	1 ma-uòh od. ma-ndu 2 uhndú	1 monédo 2 onéro od. óro 3 bonéro 1 ogínero 2 ohénero 3 oyénero	uggá mbillih	Infin. subst. ndu
husten	mamigóhi	migohiro		
klettern	—	—	elevá toró	
kauen	mamondòkòma			
kaufen	magó	moggórro	oggóbba	
kennen (wissen)	1 mòhetò 2 immòhetò	mòhetòro		
kochen	3. pers. allògóne			
kommen	ma-i	mi-iro	eiva od. ǯra	
lachen	1 mikuggú 2 ikuggú 3 bikuggú 1 plur. ifíkuggu 2 ihékuggu 3 iyékuggu	mamikuggu	ikuggú	
laufen	mòlòngaha	—	òlòba	
lecken	minèneba	minénero	nènebá	
lieben	firbanahémí	firbánanga- hèmá		
lernen	mamaiamóheto			
löschen	muńuluné	muńuluro	núluba	
machen	1 mámea 2 ihmi	mibáro	iba	Infin. ba
melken	mámbo maia	mombárro	ombábba	
mischen	mokoláda	mokolanédu	kolába od. kollahá kollá	
niesen	1 methòmmo 2 metihòmmo 3 betihòmmo			
nehmen	múba	múro	úba	
öffnen	mékbeba	mekbéro	ibbéh od. ek- bebá od. ekpevá	

	Praesens 1 Pers. Sing.	Praeteritum 1 Pers. Sing.	Imperativ Sing.	
pfeifen	mikòl	mikòlóro	ikòl	
prügeln	maših	mišibáro	iriba	
pflanzen	madudú	modúro	idudú	
pissen	mabihèddi			
rechnen (zählen)	mókkoba	mokkonòkko od. mokkóro	okkóba	
reisen	máhnde kórveh		ihnde kórveh	
reinigen	mokongokúro		ohó od. okkò	
reiten	mèšeba	meširo	ešéba od. ešiba	
rasten	—	—	otahéddohè- behi	
rufen	1 mongurbá 2 ihngurbá 3 nongurú	mongurbáro	ngurbá	
säen	móduba	moduró	ndúba	
sprechen	mikèheba od. mikèhoba	mikòhéro	kèheva od. kéhèbba	
sammeln	mogbòca	mogbòdòro	ogbòddà	
saugen (v. Säugling)	1 málo 3 pers. bálo	mulúro	ulúba	
schicken	mišibara mafi	mišibáro	išiba	Futurum.
schlagen	1 mangba-i 2 ingba-i 3 bongba-i 1 geh-ongbágiro 2 hè ongbáhèro 3 yeh jungbáro	1 mongbádo 2 ongbádo 3 bongbádo 1 ongbadiro 2 ongbahèro 3 ongbayéng- baro	ongbá	1 ma mai mangba-i 2 ih mai mangba-i u. s. w. Partic. pass. ongbángba
schlafen	múdobi od. múdovi	moddobiro	òldoba	Infin. subst. dovi
schnarchen	maronyónn	—	—	
schwimmen			tèleh	
schneiden	mongába	mongáro	ongába	
schreien	1 máromino 2 irómino 3 barómino 1 gerómino etc.		imínova	
sitzen bleiben	mindihicapi	mindihikpiro	ndihikpih	

	Praesens 1 Pers. Sing.	Praeteritum 1 Pers. Sing.	Imperativ Sing.	
sehen	1 mòta	mòtárro	itá	
	2 òta			
schauen	màlèhe	melèhero	lèheka od. lèka	
schneiden	mangangá		langá	
setzen	mindihiba	mindihiro	ndihiva	
sein (sich in einem Zustande befinden.)	1 nároma 2 nároih 3 nároba			
spalten	motofábba	motofárro	tofábba	
stechen (m. d. Messer)	moggobágo	moggobáro	oggobágo	
springen	makpèvòro	mikpèvòroro	ikpèvòro	
schmieden	1 mokútta 2 ukútta			
scheissen	mamakúti			
spucken	mibihér	mibihérero	ibihér	
speien (Schleim ansstossen)	mihmbróggo	mihmbrógg-oro	ihmbróggo	
stehlen	mibóggo	moboggéro	ibóggo	
stehen	moróbba	morórro	oróbba	
stellen			ottá	
sterben	1 moyó	1 moyíro	imóyo	Particip praet. oiyobe Infin. yo
	2 oyó	2 oyíro		
	3 boyó	3 bóyíro		
	1 geyó			
	2 hèyó			
	3 yeyó	3 plr. yéyiro		
stossen	muttúro	muttuíro	utúmmu	
suchen	1 mála	moláro	ollábba	
	2 illa			Infin. la
	3 bála			
stottern	mabiándo			
sichten (Mehl)	matètè	matètèro	tètèba	
singen	makongoiyo	mokongoyíro	okongoyo	Infin. subst ngoiyo
tanzen	mihngalla	mihngalláro	ihngallába	
tätoviren	mongóbba	mimongórro	ongóbba	Infin. subst. móngo
tauchen	mólluba	mollúro	ólluba	
träumen	mimadubór			

	Praesens. 1 Pers. Sing.	Praeteritum 1 Pers. Sing.	Imperativ Sing.	
tragen	mú-uh od. múba	mubáro	úba	Infin. uh
trinken	—		iheva	
übersetzen	—	mabòtu	bòtu	
(über d. Fluss)				
umwenden	matukóba	mutukóro	utúkoba	
verbrennen	—	3. pers. sing. lángbaro		Part. praet. lalángba
verirren	—	milliligi od. milligilligi		
verkaufen	móggoba	moggóro	óggoba	
verlassen	makpákpa	makpakpáro	ikpákpa	
verstehen		1 mibeta (m. nachges. na) 2 ih betá		
verschneiden	mabòsi	midebako-bòsi	ibòsi	
verstecken	mukóbuba	mukokóburo od. mukokòbu	kobúba	
vernehmen	mòhetò	mòhetòro	òhetò	
weinen	—	tòllò-kommo-ma		
warten	÷		koróma	
wecken	milaúbava	milaubáro	laú-uba	
waschen	moddógu		dóggu	
werfen	muńáneba	muńáro	uńábba od. udúbba	
(w. m. Lanzen)				
wollen	1 firè na hèmá¹) 2 firè na hih 3 firè na hèbá etc.			
zeigen	moíyoba	moiyóro	oiyobá od. o-íyova	
zerbrechen	mittikóbba	muttikórro	tikóbba	
zittern	mamèkémmeke	mèkéro	mèkémmeke	
zudecken	midibiva	midibiro	dibiba	
zumachen			immi	
ziehen	maòh	moòrò	òòba od. oòba	Futur.
schiessen	mibérro	mibédu	ibéba	1 ma mai abè
(Pfeile sowohl wie Kugeln	ibérro babérro	ibédu babédu		2 ih mai abè 3 ba mai abè

¹) d. h. Wille in meinem Leibe.

	Praesens 1 Pers. Sing.	Praeteritum 1 Pers. Sing.	Imperativ Sing.	
	ibegiro	*ibegidu*		1 *ge mai ubè*
	ibéhero	*hèbehedu*		2 *hè mai abè*
	yubéhero	*yubéhedu*		3 *ych mai abè*
				Infin. *be*
				Part. praet. *béba*
				Part. pass. *naró*
haben	1 *magima*	*gendenama*¹)		
	2 *nagih*	*gende niih*		
	3 *nagibah*	*gende nábah*		
	1 *nagigeh*	*gende negeh*		
	2 *nagihè*	*gende nèhè*		
	3 *nagiyeh*	*gende neyeh*		

VI. Fürwörter etc.

1 ich	*ma*	wir	*geh*	jene (fem.)	*honiká*
2 du	*ih*	ihr	*hè*	jene (2 pers. plur.)	*jenn*
3 er	*bah*	sie	*yeh*	jene (3 pers. plur.)	*jénika*
3 sie	*hoh*			jeder	*pá-u*
				auf	*dòh*
1 mein	*bamá*			aufeinander	*dobbané*
2 dein	*bi-ih*			bei	*dòh*
3 sein	*babáh*			bis an, bis zu	*nèhih*
3 ihr	*bihóh*			darin	*hih-na*
1 unser	*begéh*			des (Besitz)	*ba, nde* od. *ndu* (vor-
2 euer	*behè*				gesetzt)
3 ihr	*beyéh*			draussen	*bogbá*
				durch (mit)	*na*
selbst	*bigge*			durch (hindurch)	*didòh*
mehrere od. einige	*kor*			für	*gi*
ich selbst	*mabigge*			für (dativ)	*ka*
du selbst	*ibigge* ²)			gegen (hin)	*ba*
er selbst	*babigge* etc.			hinein	*hih*
				hinaus	*bogbá*
dieser	*aná*			hin	*ba*
diese (fem.)	*hóna*			hindurch	*didòh*
jener	*banniká*			hinter	*hòndo*

¹) Arabisch: kann mael.   ²) Auch *naroih*, was vielleicht: = *na roh ih*.

hinzu	ba od. hò od. dókpò	was	dih?
in	hih od. hèh	wenn	kah?
mit (durch)	na od. ne	wer	jeki?
nach (zeit)	koddó	weshalb	ròdih?
nach (hin)	ba	wieviel	nándo? od. ndo?
nahebei	dangá	wie	robá?
noch (dazu)	dòtòh	wozu	annikádih?
oben	tóro	wodurch	digidih?
unten	badebí	wohin	vallá?
unter	mòlo mòla	wo	navalla? od.
von (her)	diva		nová?
voraus	bóno od. vóno	wo (an welcher	
wegen	digi	Stelle)	bindá?
wie (gleich)	kábba	woher	divallá?
zu (auf bei)	dòh	alles .	pá-u od. pá-o
zu (für)	gi	anders	iñanoáh
zu (hin)	ba	einstmals	nakotó
zu (hinzu)	hè od. do-ókpò	dort	bakkedá
zusammen	der	früher	fau od. fòh
zu (um)	na	gänzlich	nakpá-u
		genug	óbborro
und	na (meist wegge-	geradeaus	mar
	lassen)	geschwind	kérekére
aber	dagelé od. dah	gestern	nakottó
aber nicht	dangbòh	gut	káma kèmme
darum	rònikà	heute	ndann
gewiss	nakáneki	hier	biná
ja	nakáneki	immerfort	tóki-tóki
mit	na	immer	mar
nein	ña (nya)	jetzt	ndann
nicht	ña od. nyau od. aóh	langsam	kamabái
	od. oáh	längst	fau od. fòh
noch nicht	óbbo vóddi	laut	tigótigó od. kamatigó
nichts	ayiñá (ayinya)	links	dogibággel
noch (unvollendet)	vóddi	laut	tigótigó
nur	òboró	mehr	dòh akpòkpa od.
oder	álle		dokpòh
ohne	dikórr od. ña-na	morgen	ndomm
sehr	birr	nachher	ñakónn
samt	na	nahe	toí
		nöthig (es muss)	éra
wann	ròdih?	überall	dobi higpá-u
warum	tallá?	vorgestern	nakotóneki

viel	ńamm	15	ki dokpò mui
währ	fèti	16	ki dokpò mui do mui ókpò kótu²)
weit	ákba makpa	17	ki dokpò mui do mui ókpò ngòrr
weit (vom schiessen)	ŕiki	18	ki dokpò mui do mui ókpò mottá
wenig	nangattikánn	19	ki dokpò mui do mui ókpò heó
rechts	dogi bomón	20	mbába kótu
richtig	fèti	21	mbába kótu dòkpò kótu
schnell	kérekére	22	mbába kótu dòkpò ngòrr
sofort	ndanndánn	30	mbába kótu dòkpò kih
spät	kádda ńáro	40	mbába ngòrr
stark	birr	50	mbába ngòrr dòkpò kih
zu Ende (aus)	ńáro	60	mbába mottá
		70	mbába mottá dòkpò kih

VII. Zahlwörter.

1	kótu	80	mbába heó
2	ngòrr	90	mbába heó dòkpò kih
3	mottá	100	mbába mui
4	neheó		
5	mui	der 1te	na bóno
6	dokótu	der 2te	banika hekóre
7	dongòrr	der 3te	baniká kèmotta
8	domottá	der 4te	baniká kèheo
9	doheó	der 5te	baniká kèmui
10	kih¹)	der 6te	baniká káddokótu
11	ki dokpò kótu	der 7te	baniká káddongòrr
12	ki dokpò ngòrr	der 8te	baniká káddomottá
13	ki dokpò mottá	der 9te	baniká káddoheó
14	ki dokpò heó	der 10te	baniká káddókih
		½	ekebáke

VIII. Sätze.

Grüsse und Begegnung mit Unbekannten.

Wie heisst du?	na ròh yéki ya? od. ròyéki?
Wo gehst du hin?	ihndèvallá!
Was suchst du?	illèdi od. illadi?
Wer bist du?	ih yéki!
Wo ist dein Dorf?	beh bi-ih nová?
Wo kommst du her?	eidevá?

---

¹) Mit 10 hört das Zählen für gewöhnlich auf, und man hilft sich mit Strohhalmen und Rohrstäben, die zu 10 zusammen gelegt werden.

²) Wörtlich zu deutsch: 10 dazu mehr 5, zu den 5 noch 1.

Wo gehst du hin?	*ih ndéra?*
Ich bin dein Freund.	*ih mbòlongó ma.*
Was machst du hier in der Nacht?	*ih midi binà na ndann?*
Ist euer Dorf weit von hier?	*beh behè akba makbà diva na?*
Hast du Weib und Kinder?	*mommih na na gimóh bi-ih?*
Wo starb dein Vater?	*bóhbih óyo vallà?*
Ich will dich allein sprechen.	*mikehè firgih kangáïe-ih.*
Verstehst du arabisch?	*úhndu tur?*
Ich verstehe es nicht.	*mohniaú.*
Warum sitzest du hier?	*ih dondihi binà ròdi?*
Wo ist deine Frau?	*komará bi-ih navá?*
Sprich laut und langsam.	*kèhèbba káma titigó káma bál.*
Was sucht die Frau hier?	*hoh komará niká hóladi?*
Was macht der Mann des Hauses?	*ba boh ruh niká bámadi?*
Bleibe hier.	*ndihi-iva binà.*
Stehe auf.	*ih ńibá.*
Warum schläfst du am Tage?	*ih dovi na hè kádda ròdi?*
Warum lachst du?	*ih mikuggú ròdi?*
Sieh den Mann.	*lehèka boddó.*
Hast du früher nie Weisse gesehen?	*òtá ngagíh kama koné?*
Kennst du Mohammed von früher?	*òhetò Mohammed nga fòh?*
Frage diesen Mann da wie er heisst. (wörtlich: Sprich zum Mann da Name sein wie.)	*kèheh gih ba boddó neká rò bah yéki.*
Sage dem Schech ich komme morgen.	*kèhéh gih ba ńére amélle ma mai ndomm.*
Grüsse deinen Vater von mir vielmals.	*amélle mahndoyú bóbih ńamm.*
Sage ihm er soll morgen hierher kommen.	*kèhéh gih ba amélle bah eiva ndomm binà.*
Geh zum Schech und gieb ihm diesen Ring.	*ndèh gi ba ńére eiba na télu.*
Gingst du selbst zur Seriba?	*ihndèh hèh gèo naroih?*
Wie geht es dir? (häufiger Gruss)	*ih káidda? od. ih kau?*
Antwort: —	*on dikauih ya.*
Wohl geruht?	*laùro?*
Ich habe wohl geruht. (Antwort auf obige Frage.)	*milau ròdi.*
Er ist gekommen.	*bah iro.*
Ich habe dich gern.	*firi-ih.*
Guten Morgen.	*hè kabehbè hèdda.*
Gruss beim Abschied: d. h. gehe reich nach Hause.	*ndèheva ági ńamm ih hèhobbo beh.*
Was giebt es Neues bei euch?	*firdi hèdda?*

Nur gute Neuigkeiten.	dakefir.
Was ist dir passirt?	yéki dai mökó beh bè hèdda!
Woher kommt dieser Mann?	bah boddó neká ba-i diralá!
Wen suchst du?	illá yéki?
Ich erwarte dich hier.	máa kuruih biná.
Lass mich ziehen.	oná ma ba
Bleibe auf diesem Platze stehen.	oró biniká
Ich habe es nicht verstanden.	mòh neá.
Ich erinnere mich nicht.	mbillima na bia.
Bist du zufrieden?	firènehiro!
Er ist ein Auswärtiger.	ğidí korbéh.
Glaubst du es nicht?	oñakanikó alé!
Du willst nicht?	firè ne hioáh!
Ist Niemand hier?	ğih na he uná!
Wo warst du am Abend?	ih rallá na tágga na?
Warte ein wenig.	ñettoko ngattikánn.
Wer ist da?	yéki da!
Hast du gut geschlafen?	oddobi káma kèmme!
Hast du Neuigkeiten?	firdi korbéh na bebè hèh biná!
Ich gehe zu dir.	máhnde ğih da.
Wo warst du seit heute früh?	ihnde rallá fòk na ndóndo!
Lebewohl (d. h. bleibe hier)	ndihi-ira.
Antwort auf ein Lebewohl (d. h. so gehe ich)	òh ndevaia.
Hörst du nicht auf mich?	uhndúh ma!
Höre alles was die Leute sagen.	uggámbilli yéniku pri-u yehke hò dih.

Drohungen, Ermahnungen, Flüche.

Ich schiesse sofort auf dich.	makih ndann ndánn.
Ich schlage dich todt.	ma tonuih.
Schlage ihn auf die Finger.	ongbá ğibah.
Schweige.	oná tará.
Schlage den Knaben auf den Hintern.	ongbá gimá güaibáh.
Schweige und sitze.	oná tará ndikikbih.
Du bist ein Lügner.	mbió nèhih.
Mögen dich die Hunde fressen.	bihí nánge-ih.
Schämst du dich nicht.	doi iñaúvu.
Höre mein Sohn und mache die Augen auf.	uggá mbillik gimá bamá ka ibbé kommoih.
Schweige und sage kein Wort.	orókpe iná kèhe feró.
Höre meine Rede.	uggá mibillih rofirèma.
Bleibe mir fern.	oró éih kidá.

Werde nicht böse.	ináttā fir hio.
Behalte es im Gedächtniss	uggá mbillih kadakèh.
Thue Gutes und wirf es in den Fluss.	iba kadakèh unáne hèh ba.
Du wirst also nicht ruhig bleiben?	ombá mindihipih kádih?
Schlage den Knaben mit dem Stock.	ongbá gimá na behl.
Du hast Unrecht.	ajéh bi-ih na gih ma.
Du hast Recht.	aayéma negi-ih.
Nimm Vernunft an (bleibe verständig.)	oná tárabo.
Geh du bist eine Hexe	ndèva ih bitóbó,
Laufe oder ich werfe dir einen Stein an den Kopf.	òllòba kuná mòlló oáh ma dòh dó-ih na lánda.

Körperliches Befinden und Persönliches.

Hast du Bauchschmerzen?	hèh-ih na nóno?
Schmerzt der Bauch nicht, wenn man von dieser Tamarinde isst?	hèh gih na nòh kon mahá na?
Ich kann nicht schlafen wegen der Mücken.	mado toáh bi diji mèhikull.
Schliefst du diese Nacht im Hause?	oddobih nahendóno hih ruh bi-ih?
Ich gehe baden im Teich.	mähnde adogróma hek párra.
Bist du verheirathet?	komará negi-ih?
Das gefällt mir sehr.	firánika na hèh ma namm.
Gefällt dir das Mädchen?	firih ngáda na hih?
Stosse mich nicht, ich bin schwanger.	ináttā gi romá mah na hèh ma.
Erkälte dich nicht.	indna dih roíyo.
Das schönste der Mädchen.	anná dèmme pá-o gi ngáda.
Ich habe es vergessen.	doh ma úllulu.
Ich bin sehr müde.	moioiyó namm.
Ich habe Kopfweh.	doh ma na la gállaga.
Ich habe Zahnweh.	dókko má na nóno.
Ich bin krank.	móddo nároma.
Ich habe kalt.	dih nároma.
Ich bin ganz in Schweiss	bekkiñ nároma.
Ich habe mir die Hand verletzt.	mohó gi ma roh.
Er hat sich geschmückt.	bibirrá na robá.
Mein Haar ist lang.	bih dòh ma kamákoloré.
Ich sehe nichts in der Nacht.	mòh na ta hèbbihi na hendová.
So roth wie Kupfer.	kamakehé kábba ba ròmbòh.
Dein Haar gleicht dem eines Schafes.	bih bi-ih kábba ba ròmbbóh.
Ich habe keine Lust.	monánde oh.
Er starb vor langem.	boyó fau.

Ich war reich aber hatte kein Glück.	ági nakotó gih ma dah lóma ńa romá.
Er ist aufgestanden.	bińevo.
Ich thue nichts Böses.	mańa mi fir kúńa.
Ich sah es früher nicht.	mòtánga nèhuáh.

Von Speisen und Getränken.

Willst du Wasser oder Milch?	fir mini nahih álle maia?
Nach dem Essen.	imoń koddó
Nach den Schlafen.	iddovi koddó.
Ich habe Tabak aber keine Pfeife.	tábba nau dagelé kutabbá ńa.
Diese Zuckerhirse ist süss wie Honig.	ngau na ińińi kabba kamba.
Ist diese Wurzel giftig?	giáh na merá náha?
Was wirst du morgen essen?	ihmoń dih na ndomm?
Essen die Bongo dies?	Bóngo na mońána?
Ist das gut zu essen?	anèmmemé na mońńé!
Rauchst du Tabak?	illu tábba!
Ich bin hungrig.	boh nároma.
Ich bin durstig.	koddá nároma.
Ich will Fleisch essen	fir moń mèhi.
Ich will Milch trinken.	fir maia na hèh ma.
Ich will Brod und Brei.	fir mómbata na hèh ma ba ndúmu.
Er isst alle Tage Fleisch.	káddu tóki tóki bah moń mèhi.
Ist Durra Brod besser als Duchn?	mómbata. moń èmmegpá kollaio?
Mais ist das Beste von allen.	tibbèl ammeypaie pi-o.
Dieses Wasser ist noch nicht genug.	mini na ońá óbboáh.
Trinkst du kein Bier?	ihńae legi oáh?
Beliebe mit zu speisen.	eiva amoń mbála.
Betrinke dich nicht.	ihńa rań legi royo.
Die Durra ist gut aber wenig.	mońuna kamakèmme dangbóh ollah.
Du trinkst also nicht?	illèh ihńá-e óh?
Hast du keinen Hunger?	illèh boh ńa ró-ih oáh?
Ist das Fleisch gar?	mèhi didiró?
Diese Speise ist ohne Salz.	tóddo ńa hèh hètá na.
Weswegen ist diese Speise so bitter?	hèta na attamátta digi dih?
Brod ist da aber keine Milch.	mońi má-u dangbóh maia ńa.
Hast du Durra und Fleisch für mich?	mońi ná-u gi ma mbo na mèhi?
Wir haben keine Durra.	mońo geh ńa.
Ich will nicht essen.	ma ńa moń oáh.

Viehstand. Handel.

Ich habe mehr Kühe als du.	ía ma ollálla dokpòh ìu bi-ih.
Hast du Ziegen?	bińá nagih?

Hast du Hühner?	ngóno naǵih?
Willst du Perlen oder Kupfer?	fii akbáá nehih álle fir télu?
Willst du die Ziege verkaufen?	óggo biná go?
Ich werde dir Kupfer geben.	mamai na télu ǵih.
Wo ist dein kleiner Hund?	bihi ndé bi-ih ngattigánn navá?
Ist der Hund sehr fett?	bihi na tóbbo nároba ńammńamm?
Wozu brauchst du das Eisen?	fir yaná nehih ròdih?
Giebt es hier im Lande kein Rindvieh?	ia ńa beh biná?
Wie viel willst du?	firè nehih ndo?
Behalte es, ich will es nicht mehr.	oróba bannikà ma ńa rúyo.
Nach deinem Belieben.	anikà firè dihih.
Ich verkaufe dies gar nicht.	ma ńòggo na oáh.
Wenn du brav bist, werde ich dir Perlen geben.	fir bi-ih kah kamakèmme mabl ákbaá ǵi-ih.
Nicht so reich wie der Schech.	áǵi ńa gibba kábba ńére.
Die Kuh giebt keine Milch.	maía ia ńáro.
Schlachte den Bullen.	ongbá bóddoa ráki.
Giesse nicht das Blut aus.	iná toyi tramá.
Reinige die Haut gut.	ohó hebána kama-kèmme.
Binde die Ziege mit einem Strick.	oddá biná na kébi.
Wann wird die Ziege werfen?	biná na dlu tálla?
Wie viel Kühe sind in der Hürde?	kéti na ia na hèh ndo?
Packe den Bullen mit den langen Hörnern.	túgba bóddoa doh lingé kamakágba.
Zieh ihn beim Schwanz.	ò-òh hòlòh ba.
Ich werde dir nichts geben.	mańa biǵi-ih oáh.
Hast du keine Ziegen?	biná naǵih o-ih?
Ich will davon 40 Stück.	firè nehèmá mbába-ngèrr.

Ueber Zeit. Meteorologisches.

Morgen erscheint der neue Mond.	ndomm nihi namél.
Der Monat ist noch nicht zu Ende.	nihi oíyo uóddi.
Hagel fiel vom Himmel.	dolánda iudè dira hetórro.
Heute regnet es nicht.	hetórro niaú ndann.
Die Regenzeit ist zu Ende.	hébbi ńáro.
Es wird spät (d. h. der Tag ist zu Ende).	kádda ńáro.
Er hat keine Zeit.	bah ńa dòhndihih kangáki oáh.
Wie lange wohnst du hier?	ndihih biná ndo?
Der Regen hat noch nicht aufgehört.	míni lih uóddi.
Vor Sonnenaufgang hörte der Regen auf.	míni lih dikórr kádda amai

Die Sonne steht dort (es ist soviel an der Zeit.	káddu biná.
Siehe die Sternschnuppen.	lèka kirrukúrro.
Es ist Mitternacht.	ndo gáddá hendó.
Morgen liegt viel Thau auf der Steppe.	na ndómdo talló ollála ndo ndomá.
Der Blitz schlug in's Haus.	hetórro ikbè ruh.
Das Gewitter ist noch weit.	hetórro neʉkúla.
Du reisetest weit zu den Niam-Niam.	korr ih ákba mákpa ba Mañaña.
Gestern sah ich einen doppelten Regenbogen.	mòta ngilligbi nakottó riangórr.
Es regnete alle Tage fort.	hetórro namèdi káddla tóki tóki.
Es ist spät lasst uns umkehren.	káddla ńaro ndábba giba.
Es regnet.	hetórro namèdiró.

Auf der Reise, Terrainbezeichnung.

Ich war 3 Monate bei den Nyam-Nyam (d. h. Monde erstarben mir bei den Nyam-Nyam drei).	nihí oyáma ba Mánaña mottá.
In jenem Lande giebt es viel Wasser aber wenig Brod.	ba beh nika minʉ ńamm moño òlláh.
Wenn du nicht schwimmen kannst so gehe nicht durch's Wasser.	tèléh kitáne oáh ih ńakpòh didòh minʉ.
Die Nyam-Nyam sind so zahlreich wie Ameisen.	mańańá úoió ńamm kábba teh.
Dieser Brunnen giebt kein Wasser.	goddá na mńní ńa mai dehdh.
Wann wird der Fluss steigen?	ba na ìoh talld?
Ist hier das Wasser tief?	mini biná óllumol?
Ist der Grund des Wassers hart oder sumpfig?	hèh mini nakkahata álle ngońá?
Das Wasser fliesst reissend.	hèh mini tigótigó.
Sind die Ufer unter Wasser?	tèngi mòlo min?
Gehst du morgen nach Gir?	ihndè ndomm ba Gir.
Wie lange wirst du in Gir bleiben?	ihndo ndo beh Gir?
Wenn du von Gir zurück bist komme in mein Haus.	kah ih dira Gir eira ba ruh ma.
Geh nach Gir und wenn du daselbst 3 Tage geblieben, so gehe weiter nach Addai.	ndèheva ba Gir kah ihndihiro káddla mottá ndèheva b' Addai róno.
Geh aus dem Wege.	ih je roi di kóngo.
Wie heisst dieses Dorf?	ròh beh na yéki?
Wie heisst dieser Chor?	kúllu-na ròyéki?

Wie heisst hier der Schech?	nére dih biná róyéki?
Wem gehört dieses Haus?	ruh na ba yéki?
Wer ist der Herr der Felder?	boh nakká yéki?
Geh mit mir zusammen.	ihndègibba ba dére ih.
Zeige Knabe den nahen Weg.	oiyobá gimá kóngo na toi nará.
Ist viel Wasser unterwegs?	míni nau dòh kóngo namm?
Der Weg ist trocken nicht sumpfig.	dòh kongo nangánga ngońd yedd odh.
Zeige mir den guten Weg.	oiyo kongo gih ma kamakèmme.
Sind hier keine Diebe?	bibóggo na biná?
Wir gehen mit dir.	gehndè no ih.
Gehe voraus.	ndèva róno.
Wohin gehst du?	ihndèva lá.
Der Weg liegt gerade vor dir gehe richtig.	kóngo na róno ih dòh ndèva féti.
Wie viel Tagereisen hat man bis zum Fluss? (d. h. wie viel Nächte auf dem Wege bis zum Fluss.)	nandó ndán dòh kóngo ákba ba ba?
Gehe langsam.	ndèva kama bál.
Er hat sich verirrt.	billiligi.
Setz dich und warte am Flusse auf mich.	dòh ndihi koróma ba ba.
Es sollen mich zwei Männer durchs Wasser tragen.	oná boddó reangòrr a-ima didòh min.
Wohin fliesst dieser Fluss?	ba na nandèvallá?
Reicht das Wasser bis an die Brust?	mini nèhih dókiddigih?
Ist hier das ganze Jahr hindurch so-viel Wasser?	mini biná mar na ndor namm kábba na?
Ich breche morgen früh auf.	máni ndomm uóro na ndóndo.
Kehre deine Last auf dem Kopfe nicht um.	inangbèha aggí di doh ih.
Ich gehe auf den Berg hinauf.	máhnde dòh lánda tóro.

Auf der Jagd, in Wildnissen, im Kriege.

Hörst du den Löwen?	uhndú ngará?
Hörst du nichts?	uh nèh oáh?
Der Löwe brüllt.	pull náromino
Die Hyäne heult.	hilu náromino.
Der Hund bellt.	bihi náromino.
Ich finde nirgends Wild, alles ist weggelaufen.	mótá mèhi oáh mòllò ne pá-o.
Suche so wirst du finden.	olládbba éhtane.
Ich suchte überall und fand nichts.	moláro dòh behek pá-o mótá ne oáh.

Fangen die Bongo Wild mit Netzen?	Bongo na túgba mèhi na mbirá?
Diese Schlange ist giftig.	keraná na méru náha.
Wie nennen die Bongo diesen Baum?	ròh kágga na dijih Bóngo dih?
Wozu ist dieses Kraut gut?	ndomá na èmme ròdi?
Verstehst du zu schiessen?	immòhetò ibu gih?
Verstehst du Pfeile zu schiessen?	ih betábe na keré? od. ih betá na be keré?
Ich gehe in den Wald.	máhndeva ba kágga.
Ich gehe Kräuter suchen.	máhnde b' ollá ndomá.
Ich gehe Vögel schiessen.	máhnde ábbe hóli.
Giebt es hier viele Elefanten?	kiddi na biná namm?
Schlage die Pauke an.	izi kibbi.
Die da wollen Krieg mit uns.	yeh na fir mòkó na hè geh.
Die Bongo schiessen die Leute mit Pfeilen.	Bongo nabé gih na kére.
Fürchtest du die Lanzen der Dinka?	ih meré mèhéh ba Dange.
Die Dinka fürchten nicht die Türken.	Dánge na meré Túru.
Sind diese Pfeile vergiftet?	keráneka merá náro.
Die Kugeln der Türken gehen weit.	yo fóddu ba Túru náhnde eiki.
Die Leute sitzen alle unter dem Grase.	gih pá-o ndondihi mòlo ndomá.
Siehst du den Mann auf dem Felsen?	òta boddó dòh lánda.
Sahst du Wild im Walde?	òta mèhi ba kágga da?
Wenn die Hunde stark laufen werden sie das Wild greifen.	bihi kah mòllò mòllò namm na túgba mèhi.
Ich fürchte sehr den Büffel.	mameré kóbbi nároma namm.
Die Elen-Antilope ist so gross wie ein Büffel.	mburréh komúndubo kábba kóbbi.
Der Büffel ist grösser als eine Kuh.	kóbbi ollaypá ia.
Das Hartebest ist etwas kleiner als eine Kuh.	kária nggièh ngattigán ia alládgpa ne.
Der Elefant ist grösser als alle Antilopen	kiddi alládgpa mèhi pá-o.
Ich trage meine Flinte auf der Schulter.	má-uh lan ma dòh hòggó ma.
Die Flinte ging von selbst los.	lan etiméti nárone bigge.
Die Katze beisst dich.	mbirá-u nánge ih.
Siehst du niemand im Gehölze.	òta gih ba kágga dòh.
Zünde das Gras an.	tuh fóddu kendomá.
Zerbrich die Lanze.	dièh mèhéh.
Er läuft so schnell wie ein Hund.	bah mòlòngaha kábba bihi.
Bleibe bei mir ich fürchte mich in der Wildniss.	mlihi-iva gih ma mameré-i hè kágga gih.
Die Seriba brannte ab.	lángba gèo ro.

Technisches, und zum häuslichen Dienste gehörig.

Wasche den Knaben gut.	dóggu ro gimá kamakö́mme.
Reinige den Boden von Staub.	okkò haia di bihi.
Häufe das Holz auf einander.	iṅe kággya dobba-né.
Steige in den Brunnen.	ndèra hè goddá.
Ziehe am Strick.	òih kébi.
Gieb her.	ibideca.
Geh weg.	ndèra.
Komm her.	eira.
Schweige.	ndihikpih
Wo hast du es gefunden?	òtá dera?
Ich gehe früh schlafen.	máhnde uóro adóri.
Bringe Feuer.	yédde fóddu.
Bringe Brennholz.	yédde ngirr makú ngánga.
Bringe reines Wasser.	yédde mini kama-kúra.
Breite das Korn aus.	hòkò moń.
Suche viel Holz.	ollá ngirr ńamm.
Giess das Wasser aus.	oǵi mini.
Die Frau entfloh.	komará òllòro.
Warum prügelst du den Hund?	iki bihi ròdi.
Sage der Frau sie möchte Korn im Mörser stossen.	kèheca ǵih komará amellé hìttu moń hè tingúl.
Reinige Mehl auf dem Strohteller.	ohó rudú dòh totó.
Gehe in den Wald und suche Holz.	ndèra kágga ollá ngirr.
Wer bewacht das Elfenbein in der Nacht?	yéki ákoro kòkiddi na hénulo?
Aus welchem Holz ist dieser Lanzenschaft?	ger mihéh na kággu dih do!
In meinem Hause ist viel Korn.	bo ruh ma mòńi ńamm-ńdum.
Gehe hinaus.	ndèra bogbá.
Warte an der Thür.	koróma ko mbottú.
Ich werde dich in meinen Dienst nehmen.	na mih ndiba ǵih.
Was machst du damit?	dih d'ih aná?
Ist niemand gekommen?	ǵih ah tah?
Ein jeder thut was er kann.	imikaka aná roï da tegoró.
Hebe den Stein auf.	otò lánda.
Lass den Tabak in der Sonne trocknen.	uńa tábba dòh káddu nangánga ne.
Lösche das Feuer aus.	fóddu na ńelu roh.
Grabe die Erde aus.	illé goh.
Man ruft dich.	nongurih.
Setze die Sachen hier nieder.	ottá ndòhé behukú.
Zerbrich nicht den Krug.	ihńa tikò kotóh oáh.

Ich brauche ein grosses Haus.	fir ruh na hè ma komùindobo.
Decke den Krug zu.	ottá ayí dòh kotóh.
Lass das Wasser stark kochen.	uṅa mini allògó ṅamm.
Mische den Thon mit Sand.	kolá korobó na haia.
Ist das Fleisch auf das Feuer gesetzt?	mèhi na dòh jòddu roh?
Brate das Fleisch mit Butter.	rèài mèhi ráki ua hèbbu.
Gieb mehr Butter zu dieser Speise.	igè hebbu dòhto hèta neká.
Sichte das Mehl im Winde.	heró rudú dòh hellelé.
Zerschneide das Fleisch in kleine Stücke.	langá mèhi ngarri-ngárr.
Oeffne den Bauch.	èkpe hèh.
Blase die Blase auf.	ibbu hih ruhéddi.
Blase das Feuer an.	tuh jòddu.
Giesse Wasser in den Krug.	ogih mini hè kotóh.
Gieb nicht viel Salz zur Speise.	iuáme tóddo ṅamm uóh hè hètá.
Nimm die Gedärme heraus.	iyèdde tekkéh.
Zerbrich den Knochen zur Hälfte.	ógga hè killengbá ngòrr.
Ich bin sehr beschäftigt.	ndobó nagima ṅamm.
Oeffne die Thüre.	èkpe kombóttu.
Schliesse die Thüre.	immi kombóttu.
Ich habe mit dir zu sprechen.	fir na hè ma behdi.
Gieb mir zu trinken.	ibbide agih ma mini.
Gieb mir eine glimmende Kohle zum Feuer.	ibbide koio gih ma ro jòddu.
Gieb mir die Flinte zum Laden.	iyèdde laṅ kamadúh fóddu hah.
Schenke etwas dem Mann, er ist arm.	ibbi ági gih bámika ngòrr nároba.
Bringe mir den Esel.	ibbide ákaia gih ma.
Gieb mir ein Messer.	ibbide mambrambé gih ma.
Ist dieses Holz hart oder weich?	kagga nu tigótigó ille oyimóyi?
Die Mombuttu säen kein Telebun.	Monbuttu hèṅá dòh kell oáh.
Wirf den Stein.	uṅá lánda.
Mache Holzpflöcke, um die Haut zu trocknen.	dodó kágga benká ahòkó hebána dòh kágga lóggo nguon-goáh.
Mache einen Krug mit weiter Oeffnung.	obbá kotóh gòh kalángo.
Warum lasst ihr die Töpfe nicht gehörig ausbrennen?	ombá kotóh kamakèmme ròdi?
Stosse die Göllrinde, um das Fell zu gerben.	tukku goll aùuu hebána nene.
Schmiedest du Lanzen?	òh kùtta mèhèh? od. ukùtta mèhèh?
Wetze das Messer scharf.	illé kòh mambrambé.
Wie viel Lasten Elfenbein hast du?	kòkiddi ua doh nulo?
Die Türken suchen alle Elfenbein.	Túru pá-u allá kòkiddi.

Dieses Holz ist so hart, dass das Beil es nicht angreift.	*ngirr na onà tarà tigá tigó pirà na gàne oáh.*
Dieser Stein ist gut, um Messer zu schärfen.	*lànda na èmmeméh àlle kòh mambrem bé.*
Verstehst du Feuer mit zwei Hölzern zu machen?	*irrèhta földu na na mambelèje?*
Dies Holz ist grün und brenut nicht.	*ngirr na oyimòyi földu na mai dàhah.*
Faules Holz taugt nicht zum Feuer.	*ngirr nakanómm èmmero földu oáh.*
Was machst du mit diesem Horn?	*immidi neddo linge mèhi?*

II. Sprache der Sandèh.

(*Nyamnyam* heissen die Sandèh bei den Sudan Arabern, *Manyanyá* bei den Bongo, *O-Madyáka* bei den Dyur, *Babungera* bei den Monbuttu, *Makkarakká* bei den Mittu.)

Vorbemerkung.

Den deutschen Lauten wurden hinzugefügt:
1) *ò*, ein Mittellaut zwischen *a* und *o*
2) *ń*, nasal, z. B. *bèńki*, der Unterhäuptling, sprich nach französischer Schreibart: *bainqui*.
3) *į* nasal, nur im gedehnten *i*.
4) *ʝ* wird genau so ausgesprochen wie das russische ж.
5) *ż* stets mit vorausgehenden *s* verbunden, (daher eigentlich immer als *zż*) entspricht dem weichen russischen Zischlaute ж (= *j* in *jamais*), genauer dem polnischen *ż*, oder dem *z* vor *i*, z. B. in *zima*.
6) *zz* die verdoppelung des weichen deutschen *s* entspricht dem russischen з, (wie im abyssinischen Flussnamen *Tacazze* nach französischer Orhtographie).

Vocale der Sandeh sind: *a, ò, è, ó, e, i, ui, o*[1]), *u, i.*

Diphthonge sind: *au, ai, oi, ua, ue, uo.*

Von fehlenden Consonanten ist das deutsche *z, tz*, auffallenderweise zu erwähnen; desgleichen *ch, χ.*

Auffallende dialectische Verschiedenheiten hat die Sandèh Sprache in den einzelnen Distrikten des Landes, dessen Seelenzahl wahrscheinlich einige Millionen erreicht, nicht aufzuweisen, wofür die in allen Landestheilein übereinstimmenden Pflanzen- und Thiernamen den Beweis zu liefern scheinen.

---

[1]) Das kurze o ist, falls betont, aus der Kehle zu stossen, ähnlich wie in den slavischen Sprachen, nicht wie im Deutschen oder Italiänischen.

Die Aussprache ist in der Regel eine hinreichend deutliche, um das Gehörte mit unsern Buchstaben niederschreiben zu können, variirt aber innerhalb gewisser Grenzen ausserordentlich im Munde Ein und desselben. Diese individuellen Schwankungen der Aussprache entsprechen nicht denjenigen, welche der Bongosprache eigen sind, sondern erstrecken sich hier auf andere Reihen von Lauten.

Während die Bongo regelmässig *p* und *f* vertauschen, geschieht dies in der Sandeh-Sprache hauptsächlich mit *r* und *l*, welche die Erstgenannten wohl auseinander zu halten wissen; ebenso häufig ist ein Verwechseln von *b* und *v*. Ausserdem weist die Sprache noch folgende Schwankungen in den Lauten auf:

l und *r* in *n*	*s* in *š*	
l und *r* in *nn*	*s* in *t*	
rr in *l*	*gg* in *ǵ*	in der Mitte von Worten.
dz in *dž*	*bb* in *gb*	
z in *ž*	*mb* in *ng*	
dz in *g*		

Bei den Vocalen gehen am häufigsten über: *u* und *a* in *o*, *e* in *i*.

In zusammengesetzten Worten, wenn zwei Vocale zusammenstossen, erfolgt entweder ein Wechsel im Laute, oder der eine Vocal wird ausgestossen; oft wird auch ein *m* zwischen hineingeschaltet.

Ein Hauptcharakter der Sprache ist in der nicht seltenen Häufung von Consonanten zu suchen. Einzelne Häufungen finden sich oft, so z. B. vor Labialen *m* und *g*, vor *z* stets *z*, vor *y* ein *k*, vor *s* ein *d*, vor *g* ein *m* oder *n*.

Zeitformen für das verbum konnten nirgends als nach bestimmten Regeln festzustellen nachgewiesen werden; auf einzelne Fälle ist im Verzeichniss der Zeitwörter aufmerksam gemacht worden. Eine Imperativform scheint nicht zu existiren, wird aber merkwürdiger weise stets durch ein vorgesetztes *ya* ausgedrückt, das arabische Ausrufungswort *ya* (z. B. im biblischen *ya-amen*) welches erwiesenermassen nicht erst durch den Verkehr mit den Nubiern in die Sprache gebracht worden ist, sondern allen Sandeh geläufig sein soll.

Der Plural wird durch Vorsetzung von *a*, vor alle Worte, sie mögen mit einem Vocale beginnen oder mit einem Consonanten, angedeutet, z. B. *ángo* der Hund, *a-ángo* die Hunde.

Substantiva und Adjectiva.

Abend	ńumm	alt	kírro
Achselhöhle	tiggigórro.	Angelhaken	kombéh
Ader	bágga	Angst	gundé
ärgerlich	mizingi	Arm	bérro
After	gimlisèh	arm	angai bokkóte
allein	sa (nachgesetzt)	Art (species)	limákia

Arznei	unguá	Brod (zwischen Blättern gerösteter Teig)	pokuté
Arzt	ekavó	Brust	mbodulo
Asche	kúkki	Brustwarze(Brüste)	mommuló
Ast	séngi	Bruder	urinamo
Auge	bénglise		
Augenlied	pokubángiro	Dach	basd
Augenbraue	mánge	Darm	le od. re
		dick	neńkṅ
Bach	ullidi	Dieb	dih
Backe	pongbáro	Diener	buóle
Backzahn	bórruka	Ding, Sache, irgend etwas)	ii
Bad	zunatiló	Dolmetsch	kogumbáhe
Bart	mánbaro	Donner	ńissu
Bast	póyo	Dorf (District)	lingara
Bauch	movullé	Dorn	kite
Baum	unguá od. nguá	Draht	mákka
Beil	manguá	dumm	irrépopo
Bein	ndué	Durst	gomuninimi od. gómmoro immi
Berg	mbiá		
Beschneidung	nganzá	Ecke, Kante	bungbuéh
besser	gingbáre	Ei	vallá
betrunken	mukpivoda	Eisen	mánnu
Bettstelle	kittipallá	Eisenplatte (des Handels)	giddigiddi
Bier (aus Eleusine)	bungára	Eisenschlacke	ménnininzo
Bienenkorb	juggé	Eiter	pánda
Bild	mukké	Elfenbein	lindimbánnu
Bindfaden	gille	Elfenbeinschmuck der Brust	buzá
bitter	yiai-í od. sikáhi-e	Ellbogen	mburriborró
Blase	dimolimó	eng	ne-úngba
Blasebalg	mbitti	Erde	angbáli
Blatt	pè od. pè	Euter (siehe Brustwarze)	
Blattern	bakufó		
blau	bieh	Fahne	mbokká
blind	gabánirotté	Falle z. fangen v. Wild	sikkitti
Blitz	gumbá	Fallgrube	duéh
Blüthe	bombudá	faul (stinkend)	sinóffu
Blut	kuolé	faul (siehe träge)	
Bogen	mbottó		
Boot	korúngba		
Braten	auodiodi-e		
breit	kégbe		

Feder	*suéh*	weiblicher G.	*nénge*
Feind	*mobbá*	geschoren	*pekpéhe*
Felder(Culturland)	*biné*	geschwollen	*éihi*
Fell	*battó*	Gestell	*pámbara*
fertig, beendet	*dundukéh*	gestreift	*éékka*
fest	*íckéybe*	Glasperlen (siehe Perlen)	
Fest, Fantasia	*inézgombaro*	Glocke	*mbongá*
fett	*zéengbé* od. *kuoké*	Glockenzunge	*anzorrohé*
Fett	*pé, pai* od. *gpai*	Glück	*kerekazá*
Feuerzeug mit zwei Hölzchen	*payíaá*	Gott	*gumbá* nach Anderen *bongmbóttunu*
feucht	*immogó*	(wenn nicht Letztere nur f. d. Propheten)	
Fieber	*nzeré*	Grab	*ikpééidinni*
Finger	*culidzega*	Gras, trockenes	*oggueh*
Fischstecher	*éingu*	gross	*kéhke*
Fleisch	*puéió*	grösser	*bakére*
Fliegenwedel	*mbúne*	Grossvater und Grossmutter	*titá*
Flinte	*tuh*		
Fluss	*boíme*	grün	*foggohé*
Freund	*báda*	Grube	*dueh*
Frucht	*lindingua*	Guitarre (Mandol.)	*kundi*
Fuss	*gidé*	gut (ideal)	*mbakógbe*
Fussschelle	*nzóllo*	gut (materiell)	*éingba*
Fusstapfen	*juó*		
Frau	*déh*	Haar	*máne*
Friede	*ngarurate*	Haarflechte(toupié)	*ittueh*
Führer	*mbattaia*	Haarnadel	*samunzá*
		Hagel	*monugumbá* od. *paragumbá*
Galle	*ndungá*		
gar gekocht	*éiri* od. *éiniué*	Hacke	*mbakkóh*
Gebet, Augurium	*bórru*	Haken	*bakongó*
gebunden	*icó*	halb	*uli*
geizig	*léndimo*	Hälfte	*ikketé*
gelb	*pukyéh*	Hals	*góno* od. *góse*
gefleckt	*kennekénne*	Halsring	*bábengé*
Gelächter	*móngo*	Hammer	*bánde*
Geliebte	*bih*	Hand	*pábere, fáre* od. *fére*
gerade(nichtkrumm)	*bangahé*	Harn	*limo*
Gesandter	*mbóttunu*	hart	*éikkánika*
Gesang	*mbérre*	Harz	*mbáro*
geschickt (gescheut)	*bakumbá*	Häuptling (König)	*hié* od. *bé*
Geschlechtstheil männlicher	*kirra*	Haus	*dinú* od. *bambu*
		(in Kegelform mit Thonwänden)	

Haus	*yapú*	Knabe	*gudéh*
(in Kegelform mit Rohrwänden)		Knie	*unukuséh*
Haus	*basá*	Knochen	*mémme*
(vierkantig mit langem Dach)		Knoten	*ikpeká*
heimlich	*móko*	Köcher	*móngu*
Heirath	*muyé*	Kochtopf	*uíükoro*
heiss	*fohégbe*	Kohle	*kiugelé*
Heft des Messers	*pénne* od.*unguísáppe*	Kopf	*lih*
Hexe	*mángo*	Korb	*sokkó*
Herz	*bágunda*	Koth (excremente)	*milli*
Hintere (podex)	*rumboró*	Krank	*kazza*
Hirn	*duddú*	Krätze	*ulakka*
hoch	*gizágbe*	Kreuzknochen	*ngóngo*
hockend	*mususuénde*	Krieg	*búso*
Hoden	*ndikaúono*	Kriegsgeschrei	*innazuttá*
Hof eines Häuptlings (Gehöfte)	*mbúnga*	Kriegstanz	*ourá*
		Krug, Urne	*ákoro*
Höhle	*korrkórr*	krumm	*šaru*
Holz, trocknes	*náki*	Kugel der Flinte	*ué*
Holz, grünes	*nguá*	Kürbisschale	*ulé-enga*
Honig	*banga*	Kupfer	*térra* od. *télu*
Horn zum Blasen	*kurá*		
Hüfte	*yangbá*	Land	*fútte*
Hügel	*yénga*	lang	*negbangahá*
hungrig	*gómmoro*	Lärm	*jinei-embá*
Hure	*nzangá*	Lanze	*búso*
Husten	*korá*	L. mit Widerhaken	*akatoá*
Hut	*vulibúma*	L. mit Dornen	*ponái*
		Last des Trägers	*mikendé*
Insel	*kisengá*	Lastträger	*mikaká*
Jahr	*mbaggána*	laut	*muggumbadbe*
Jüngling	*parrangá*	Leber	*énde*
Joch für Sklaven	*gongá*	lebend	*uniongólu*
		leer	*ñuyette*
kahl (ohne Haare)	*mbumborehé*	Leiche	*kiápi*
Kälte	*zélle*	leicht	*uringétte*
Kamm	*yegberi*	Lendenschnur,	
Karavane	*iddungunató*	Gürtel	*abbuggá*
Kautschuk	*kendí*	Lippe	*pottungbá*
Kehlkopf	*guudugóno*	Loch	*ñékkoro*
Keule	*mbondó*	Löffel	*zikáso*
Kind	*akumboggudéh*	Lügner	*zellé*
klein	*umbá* od. *mbáli*	Lunge	*púsu*

Mädchen	nderrugudéh	Norden	uréyo
Magen	kikketté	nützlich	kikangba
mager	kóoggodi		
Mann	borró	Oel	pai
männlich	ba-(wird vorgesetzt)	offen	izzekké
Mark	bagazáru	Oheim	ulidavole
Mehl	ngúnge	Ohr	tú-eh
Mehlbrei	bakinde	Ohrfeige	ih-uáro
Mehlteig	baburungé	Ort, Platz	badúore
Meissel	mokkingé	Ortsvorstand (Schech)	borrungbangá
Menschen, Leute	abborró		
Menschenfleisch	pusió abborrá	Osten	padio
Messer (Dolchmesser)	sáppe	Pallisaden	nguppá
Milch	mómmunu	Palmöl	kanná
Milch (saure)	mommunu kekkéhe	Pauke von Holz	gázza
Mittag	bebbelúru	P. mit Fell bezog.	guggú
Mitte	ikperrekú	Peitsche	baggá
Mond und Monat	diri	Pfahl	liggonguá
Morgen	mbé-usu	Pfeife (zu Tabak)	mbasá
Mörser v. Holz	sángu	Pfeifenrohr	tambedá
Mund	mbáro	Pfeil	aguanzá
Mungala	abánga	Perlen (Glas P.)	anneké
(Brett mit Löchern zum Spielen um Gewinn)		(Arten vom Chartumer Markt:)	
		-Damaruáf	zambánneké
Mutter	namú	-Neautét	pudyánneké
		-Ganschöl	birre anneké
Nabel	mbúgse	-Genetót	kerrekórro anneké
Nabelschnur	glimbuguse	-Bèrred	paragúmbu anneké
Nachgeburt	kulúma	-Mandjür	mangúru anneké
Nacht	yúro	Pflock	mbángua
nackt(ohne Schurz)	kunduliyé oder bakúnduli	Polster (f. d. Kopf zum Tragen)	kánna
Nagel, am Finger	susu-lizangáro oder susu-lizogálo	Puls	bóru
		Pulver (Schiess-P.)	ngumbá
Name	limmo	punktirt	rugguttuéh
Narbe	yómoko		
Nase	óse	Raubzug	mvurrá
nass	sizeli	Rauch	nimme
Nebel	rabíggeli	Recht	sikkinaú
neu	bovvuhó	Regen	mai
Niere	yangbá	Regenzeit	kitté
Niesen	pangasyé	Regenteich	mungá

Regenbett	pattupátti	schlecht	mbangótte
Regenbogen	uángo	Schlüsselbein	pugónno
reich	békkinde	Schmelzofen	biggiri
reif	ih-ihé	Schmidt	póngu
rein	äikkaǵira	schmutzig	mbrilliko
richtig	lingóddu	Schmiede	tippolisi
Rinde	juǵé	Sänger, Spass-	
Rindenzeug	rokkó	macher	nzangá
Ring von Eisen	bénǵe	Schneide	lindináppe
Ring von Kupfer	térra od. téla	schnell	nihipé
Ringbeschlag	makká und bangá	schön	mbángba
(spiraliger für Arm und Beine)		Schuppen	baxá
Rippe	ngažira	Schüssel von Holz	korungbó
roh	ióh-ióh	schwach	zedzellé
Rost	menninünzo	Schwanz	xahá od. sah
Rücken	giǵelé	schwarz	nébiko
rund	gilligbehé	Schweiss	lindimo
Russ	mbiró	schwer	lunué od. leñié
roth	zambáhe	Schwester	dávole
		Sehne	bágga
Sack	mángo	Seriba (umpfählter	ngappá
Salz	tippó	Platz)	
Samen	tungai	Sklavin	kánga
Samen (männ-		Sohn	uillé
licher)	mbatungá-borró	Sonne	úrru
Sand	ngummé	Sonnenfinsterniss	ndúrrukurrággo
Sandale	raggattá	Spaten	ǵittu
sauer	kekkéhe	Speichel	xuré
Säugling	limmó	Speise	mufe od. pusyé [1])
scharf (von Tabak)	béghe	Spiel	mbágga
scharf (vom Messer)	sikketti	Spion	mbommué
Scharlachfieber	bónnungba	Spitze	lindié
Schlinge	hiná	Sprache	páboro
Schatten	nzellumé	Stachel	kirrorú
Scheermesser	pilli	Stamm (eines	
Scheitel	ginneli	Baumes)	kéki
Schemel	mbátta	stark, kräftig	bakumbá
Schienbein	mbágsu	Staub	sánde
Schild	mrurrá	Stein	mbiá
Schlauch	mónguimmi	Stelzen z. Gehen	ballarú

[1]) Animalische und vegetabilische von pusió, Fleisch, als Hauptkost der Nyamnyam, wie moñ, das Sorghumkorn Hauptkost der Bongo und bei ihnen Speise im Allgemeinen.

Steppe	pungbuhé	Vater	bamu
Stern	kellekurú	vergnügt	kunánuma
Sternschnuppe	ukétti	verbrannt	schigbi
Stirn	pokpuséh	verloren	schitti
Stock	ulinguá	Verräther	bomui
Strick	gillé	verwundet	isóko
stumm	sékkini	vorhanden	bélle (mein)
stumpf	tingátte	(da seiend)	beró (dein) u. s. w.
Süden	bongilipiá	voll	amihihé od. sihihé
süss	insensielehé	verrückt	iranzangá
Syphilis	kóngoni	verschiedeu	guákia
Stroh	oggué		
Suppe	immi-puñió	Wachs	dadá
		Wächter	kusungidirágyo
		wahr	mbellelengó
Taback	gundéh	Wald	bélle
Tag	urru	(Wald am Ufer von Flüssen, Galloriar)	belledí
tapfer	bukumbá		
tätovirt	igbeké	Wasser	immi
taub	tukkokíli	Wasserflasche	kambís
Teig (siehe Mehlteig)		Wade	maléndue
Termitenbau (grosser T.)	abio	Wechsel (monatl.)	bagbidó
		Weg	ginné od. genné
Thau	nólle	Weib	déh
theuer	kégbe	Weib (verheirath.)	kumbá
Thon	dóggoro	weiblich	ma- (wird vorgesetz)
Thür	pokkurá	weich	lulungbuń
Thränen	au-uméh	weiss	puàyéh
tief	goggá	weit	tunúgbe
Tochter	uillé	wenig	sitóni od. tóni
todt	ukpi	West	dio
träge	mangálingerotté	Wild	añá
trocken	ló-uggú od. uggué	Wimpern	mańibángeró
Trommel	liggezzá	Wolke	yudúnupuñyé
Tropfen	schináttogu	Wunde	isóllòko
Trumbasch	mobbá	Wind	uégge od. ugé
		Wurfeisen (siehe Trumbasch)	
Ufer	pongbéh-immé		
unbewohntes Land	ngabliétté	Zahn	lindé
Unglück	atolótte	Zange	ulimara
unnütz	mingátte	Zaun	ulingapá
Unterleib	tivulé	Zehe	ulíndue
Unterhäuptling	beńki	zerbrochen	sikkitti

Zeug (Gewebe)	lemmú od. remmú	Caracal	móbboru
Zunge	miná	Serval	ngaffú
Zwerg	lukutóborro	Katze	denderá od. dandalá
Zwillinge	ébbuíh	Sciurus leucum-	
Zündhütchen	luéttera	brinus	bodélli od. bedérri
		Sciurus sp. grisea	bakumbá oder bamumbá

Thiernamen.

I. Hausthiere.

		Mus decumanus	guáh
Esel	ákaya	Mus rattus	babillíh
Huhn	kóndo	Mus musculus	ndekitélli
Hahn	bakóndo	Golunda pulchella	sikka
Hund	ángo	Meriones sp. leu-	
Hündin	nára	cogaster	zakáda
Kuh	hítti	Aulacodus Swin-	
Ziege	vusindé	derianus	remvó od. alimvó
		Hase	ndekutéh

II. Wilde Thiere.

		Stachelschwein	uzingené
Schimpanse	Irángba oder	Orycteropus aethi-	
	Nderúma oder	opicus	káre od. kurrohéh
	Maniarúma	Manis	baxúi
Colobus guereza	mbuggé	Elephant	mbára od. mbánna
Cynocephalus	bókku	Rhinocerus	kéga
Cercopithecus		Hippopotanus	dupó
griseoviridis	ngalangála	Hyrax	atabú
C. pyrrhonotus	gúngbe	Phaccochoerus	zíbba
C. sp. atrogrisea	ndumm	Potamochoerus	mokurrú oder diombórr
Galago senegalensis	bakumbóso		
Fledermäuse	furé	Sus sennaarensis	gúrrua
Maulwurf	tundúa	Giraffe	basumbárigi oder basingbálinge
Igel	dunduléh		
Spitzmaus	ndelli	Büffel	mbéh od. bogguro
Ratelus	torubá	Antilopen	puxió [1])
Lutra inunguis	limmu	A. oreas	mburré
Canis variegatus	hoáh	A. leucophaea	biso
Hyäne	zaje od. zégge	A. difassa	mbágga
Civette	té od. tiyé	A. leucotis	tágba
Genette	mbellíh	A. arundinacea	yòro
Ichneumon	nduttuá	A. scripta	boddíh
Löwe	mbongunú	A. caama	songoró od. sogomvú
Löwin	ndéru	A. grimmia	báju
Leopard	mamá	A. madoqua	bongbalá

---

[1]) d. h. Fleisch, als Wild im Allgemeinen.

A. sp. pussilla	*mrurrá*	geflügelte Termite	*agé*
A. sp. minor,		Scorpion	*nellembé*
rufa, concolor	*kútumo*	Scorp. gr. unschädl.	*ngbálipongbá*
Vögel	*azélle*	Spinne	*tuné*
Taube	*mbipó*	Tausendfus (Sco-	
Turteltaube	*surruká*	lopender)	*kengóno*
Perlhuhn	*nzéngu*	Laus	*anzéni*
Straus	*kangá*	Kleiderlaus	*bagbéne*
Papagei (Psittacus		Krabbe	*ngénne* od. *ngéle*
erythacus)	*kokkulú*	Wurm	*agbénne*
P. (Psitt. torquatus)	*mbironi*	Blutegel	*matúndo* od. *masúndo*
Geier	*rangá*	Bandwurm	*agbiróllo*
Milan	*bakikí*	Guineawurm	*asáro*
Gans	*zérime*	Flussauster(Etheria)	*mokpérre*
Trappe	*buzerreboddih*	Kauri	*mberrekpatá*
Tmetoceras abyssi-		Muschel(Adenonta)	*alingóro*
nicus	*ndéssi*	Schuecke(Achatina)	*ndúrru*
Schildkröte	*buzzá* od. *baggá*		
Stellio	*kokóno*	**Pflanzennamen.**	
Varanus	*káre* od. *garrá*	**I. Culturpflanzen.**	
Psammosaurus	*tingóndu*	Sorghum vulgare	*bunde* od. *vundé*
Chamaeleon	*mruáh*	Sorghum saccharatum	*ngágali*
Crocodil	*ngondih*	Penicillaria	*koíya*
Schlange	*uíh*	Eleusine coracana	*molú* od. *mónu*
Wasserschlange	*múingu*	Zea Mays	*mbaía*
Fische	*ti-eh*	Hibiscus Sabdariffa	*nombá*
Hydrocyon	*ngaia*	Sesamum	*sélle*
Käfer	*kirikpó*	Hyptis spicigera	*andeké*
Holzkäfer(botrychi)	*nzanomé*	Nicotiana Tabacum	*gundéh*
Heuschrecke	*aiéle*	Arachis hypogaea	*auandé*
Fliegen	*éssih*	Voandzeia subterra-	
Grille	*ñau-ué*	nea	*abondú*
gr. Steppen Grille	*pallindé*	Batatas edulis	*bambéh*
Tsetsefliege	*ngángu*	Manihot utilissima	*bavrá*
Cicade	*banséh*	Dioscorea alata	*mbála* od. *mbárra*
Biene	*anegé*	Helmia bulbifera	*sandúh* oder
Libelle	*andeliká*		*tundúh* oder
Raupe	*rummé*		*zapínte* oder
Schmetterling	*juffuruffú*		*mále* (je n. der
Wespe	*bándo*		Form)
Zecke	*ogbó*	Musa sapientium	*bóggu*
Ameise	*tutué*	Colocasia	*mánsi*
Termite	*ngbáli*	Cucumis sp.	*abénge* od. *bisandé*

Citrullus	nabangá	Gräser	foggó od. fógumbo
Tephrosia sp. piscatoria	nabá	Chlorophytum sp. variegatum	langá
Cucurbita maxima	bokkó od. yénga	Panicum sp.	popúki
Lagenaria	ingá od. nagbangá	Stapelia sp.	katapógbate
Urostigma sp. Tsjelae affinis	rokká	Pterocarpus santalinoides	mbágu
Phaseolus sp. Mittu	apokuórro	Impatiens	tikpó
Ph. sp. Mungo	abopá	Celtis	makána
Vigna Datjang	arukpó	Xeropetalum	bopó
		Erythrinatomentosa	indikaba kigí
		Cyclonema	auakópu

II. Bäume, Sträucher. etc.

		Urostigma asperifolium	alangbá
Bambusa abyssinica	ngánzi	Cubeba Clusii	uoddi od. róddi
Baumwolle	bangmundó	Schilfrohr	nganziduppó
Butyrospermum	pokalíh	Papyrus antiquorum	boddumó
Musa Ensete	boggúmboli[1])	Pilze	rútte
Borassus flabelliformis	akoáh	Zwiebelgewächse	mbalingá
Urostigma platyphyllum	mbegúle	**Völkernamen.**	
Calamus secundiflorus	poddú od. púddu	Nyamnyam[2])	A. Zandéh
Elais guineensis	mbiró	Nubier	A-Borómu
Gardenia sp. tinctoria	blippa	Bongo	A-Kumá
		Djur (Luoh)	A-Bakúnduli[3])
Sterculia cordata	kokkoroká	Dinka	A-Tugmbondó[4])
Sterculia acuminata (Cola-Nuss)	nóno	Mittu	A-Mittu
		Babúkr	A-Babúkkuru
Habzelia	kúmba	Monbuttu	A-Mangbittu
Euphorbia sp. arborea	tékke	Bellanda	A-Rambúi
		Akka	A-Tikkitikki
Lophira alata	zawa	Gölo	A-Göro
Encephalartus	mrúe-piéh		
Pandanus	ingleré	Personennamen[5]) für Männer.	
Kräuter im allg.	mrúe od. biná	Angbé	Aúra
Myristica	ákiso	Abindí	

[1]) d. i. kleine Banane.
[2]) Arabische Pluralbildung; Nyamányam.
[3]) d. i. die Nackten.
[4]) d. i. die mit der Keule.
[5]) Die hier aufgeführten Namen wiederholen sich bei den Ssudeh so häufig wie bei uns die Taufnamen.

Bagbátta	Ingérria	Ngangilia	Riffio
Bagirsa	Ingímma	Ndéni	Zabira
Bakomóro	Indimma	Ngétto	Zena
Bária		Ndéruma	Zéngba
Buzieh	Kária	Ngettué	Zolongó
Bazibó	Kánzo	Némbo	Samuél
Bakingé	Kija	Nzémbe	Singo
Bazimbéh	Kánna	Ngángo	Zibba
Bália	Kommánda		
Bata	Kulénio	Ondúgba	Tumáfi
Bendo			
Biázingi	Larulúkka	Penio	Uindo
Borongbó		Pirkie	Uringáma
Boborúngu	Mabénge		Ukuéh
Bómbo	Malingde (oder	Renzi	
Bóggua	Marindo)	Rikkette	Vennepai
	Mingo	Ringio	Vilidiele
Dipóldo	Magangei		
	Maddá		Zeltwörter.[1]
Endené	Mazmáni	ändern, verändern	mimońéhke oder
Ezo	Márra		mitámmangéh
	Matindú	ablassen, aufhören	mièh
Fombóa	Mangé	athmen	minákoro
	Mbéli	baden	minazondátelle
Gária	Mbágali	(gebildet aus: minándo ku zundatilo d. i. ich
Gázima	Mbóri	gebe zum Bade.)
Gangalá	Mbanzúro	beerdigen	mignánde
Géndua	Mbiö	beschneiden	mialé
Gitta	Mbittima	beissen	mirunduló
Gurungbé	Móffi	beischlafen	1 miámuni
Gúmba	Mojiö		2 moúmuni
	Múnuba	binden	1 micó
Yággandu	Ngáne		2 muco
Yánga	Ngúrra		3 kuco
Yapáti od. Yáffati Ninde	sich betrinken	nipingaiya
	Nunga	blasen	miruéh
Imma	Mdúppo	bleiben	2 músungu
Imbolutidu		brennen 3 pers. Praet.	ñgbi

[1] Die angeführte Form entspricht, falls nicht besonders bemerkt ist, 1) unserem Praesens 1 Pers. Sing., mit einfacher Vorsetzung des Pronomens mi, oder 2) dem Futurum mit Vorsetzung von mine- oder mina- (d. i. ich gehe, bin im Begriffe etwas zu thun, abgekürzt von minándo, siehe unten baden).

bringen	mináni	halten (packen)	minìtyé
eintreten	Imperativ: jamunduku		Imperativ yamutyé
drehen, umwenden	misabénni	heben	mitumbá
entfliehen	1 miméle		Imperativ yonutumbá
	2 muméle	hören	migé
sich erbrechen	minasuka		Imperativ onigé
erwachen	Imperativ yamuzingué	husten	mikolló
essen		hungern	minagómmoro
Präsens:	1 mináfe od. mináli	haben	1 bélle
	2 monáfe od. monáli		2 beró
	3 konáfe od. konáli		3 bekó
	1 anáfe etc.		1 heráni } nachgesetzt
	2 ináfe		2 beyó
	3 hináfe		3 bekih
Präteritum	1 milite od. milináli	kauen	1 mineffugué
	2 molité		2 muffugué
	3 kolité	kaufen	1 minbé
	1 anilité		2 munbé
	2 ilité	kennen	mihné
	3 hilité	können	1 kamimángiro
Futurum	1 minekpiné mulé		2 kamángele
	2 monekpiné mulé	kochen 3 pers intransitiv dináffu oder
	3 konekpiné mulé		kúffu
	1 anekpiné mulé	kommen	1 mineyé od. miniye
	2 inekpiné mulé		2 muniyé od. munye
	3 hinekpiné mulé		3 kunyé
Infinitiv	la		Imperativ ya miye
Imperativ ya uniléé	häufen	1 mizungué
Part. Prät. ilité		2 muzungué
fragen misólloko	lachen	1 mimómué
fallen mitti		2 mumúmu
fangen minádulu	laufen	1 minauro
finden mihé Präterit. 1 minibi		2 munauro 3 kunauro
	2 munibi		Imperativ jamauro
geben miffué Imperat. yamuffué	lecken	miáelé
gebären mirúngugudéh od. mirúngudéh	lieben	minámbutiro
gehen	1 minándo 2 móndo 3 kóndo od.	liegen	1 mippi 2 múppi
	óhndo	lernen	mirulikéé
	Imperativ yamúndo	löschen	mibityé oder minebityé
	Präteritum 1 minindo	machen	mimangé oder mighinde oder
	2 monindo		mimángbinda
gäten	1 miveggé 2 muvigge	melken	minépina
giessen	1 mioká 2 moká		Imperativ yamupiné

mischen *mikodenáni*
nehmen 1 *midé*
2 *múdé*
niesen *minévu-pangařyé*
öffnen *mizekéh*
pfeifen *miovvutuné* od. *mibubutuné*
pissen *mineíno*
pflanzen 1 *miunué*
2 *munué* etc.
regnen 3 *mai naná*
reisen *minándo kanónga*
rauchen (Tabak) 1 *minóvu* 2 *munóru*
reinigen *misunduś*
reiten 1 *míyoli*
2 *mu-jyoli*
ruhen (sich setzten) *minesangé*
Imperativ *ya musongú*
rufen *mineímbaro*
säen 1 *miulugué*
2 *molúe* od. *monué*
sprechen *minaggumbá*
Imperativ *ya muggumbá*
sammeln *midungurá* od. *midunguná*
saugen 2 *mo-ámmai*
scheissen *minénni*
schiessen *mitè*
schicken *mikíddiko*
schlafen *minéppi*
Imperativ *ya múppi*
schlagen 1 *mitáko* od. *miovako*
2 *mottáko*
satt sein 1 *mimbí* 2 *mombi*
scheeren *mikpéh*
schnarchen *minagibíkorra*
schmieden 1 *mótta mánna*
2 *mútta mánna*
schreien *minazúttua*
schweigen *miángo* od. *mòngo*
sehen 1 *mibé*
2 *mubé*
sitzen 1 *misúngu* od. *minésungu*
2 *mussungú*
3 *kussungú*

schwimmen 1 *mióga*
2 *muóga*
spalten *misulé*
springen 1 *miggukálo*
2 *muggukálo*
speien, spucken *mikorró* od. *mikolló*
stehlen *minedé*
stehen *minórra*
Imperativ *ya mórru*
stossen, im Mörser *mindsuká*
Imperativ *musuká*
suchen *miné-i-uéh*
Imperativ *ya mo-i-uéh*
sterben 1 *míkpi*
2 *mikpi*
3 *húpi* vd. *kugpi*
stottern *mirappoppó*
tödten *me-ímaro*
tätoviren *minábika*
träumen *misumá*
trinken 1 *miñó* od. *mimbelé*
2 *mombilé* od. *moñó*
trocknen *misuéh*
übersetzen (einen Fluss) *misi*
umfallen 3 *kuttiná-e*
umwenden 1 *misá*
2 *musá*
verirren *mi-ingi* od. *mingigené*
verkaufen 1 *minangbéko*
2 *mongbéko*
verlieren *minatedé*
warten *mirungámbatta* od. *mai-ingámbatta*
verstehen 1 *migé*
2 *miñé*
verstecken *mòkó*
verschneiden 1 *midéo*
2 *mudéo*
waschen *misunduéh*
werfen *mibbá*
Imperativ *ya múbba* od. *múgba*
winken 1 *minabaiállo*
2 *munubbaiállo*

wollen 1 *mikpiñuméh* od. *minekpiné*
      2 *munekpiñuméh*
zeigen 1 *miyuggué*
      2 *miyuggué*
zählen 1 *miggeddié*
      2 *muggeddié*
zerbrechen *mikketté*
zittern *miniké*
ziehen *minugbé*
    Imperativ *ya mugbé*
zudecken *miroggodé*

Fürwörter etc.

1 ich	*mi*	1 wir	*áni*
2 du	*mo*	2 ihr	*í-o*
3 er	*ko*	3 sie	*hihé*
1 mein	*gimi*	1 unser	*gáni*
2 dein	*gamú*	2 euer	*go-io*
3 sein	*gakó*	3 ihr	*gohihé*

ich selbst *miningmbaddulé*
dieser *kurá*, *dóle* od. *ge*, mit nach-
    gesetztem *le*
jener *šiddióle* od. *šiddiále*
jeder *ndúnduku*
keiner *étte* od. *te* (nachgesetzt)
auf *aúlu* od. *iyu aúlu-é* (oft mit nach-
    gesetzten *io*)
bei *páte* od. *syu páte*
darin *dimo-i* od. *dimoyu*
des (Besitz) *ga* (vorgesetzt)
draussen *zegú*
für *mbikalé*
hinter *saio*
nahebei *simimbedi*
nach (Zeit) *máni* od. *mánika*
nach (hin) *ku* (mit nachgesetztem *yo*)
in *iyu* (auch mit nachgesetzten *yo*)
nahe *turungétte* od. *sukámbeda*
noch (dazu) *minakorá*
oben *álio*
unten *sandéo*
unter *tik*
von (her) *io* (angehängt)

voraus *mbottato* od. *mbottá*
wie, gleich *u*
wegen *mbiká*
zu (hinzu) *kuoló* od. *kaól* od. *korá*
    (nachgesetzt)
zu (Richtung) *ku-yo* od. *ku-i* (nach-
    gesetzt)
zu (zu sehr, viel etc.) *bé* od. *agbé*
    (nachgesetzt)
zuviel *kikekeio*
aber *ko*
und *na*
gewiss *singba*
ja *migé*
nein *òh* od. *ò*
noch nicht *támman*
nicht *étte* od. *gátte* (nachgesetzt) od.
    ettegátte
nichts *ngákitte*
nur *ingarrahá*
oder *uólla* (?)
ohne *zangá*
mit *tini* (z. Th. nachgesetzt)
sehr *gbé*
wann? *niginigánna?*
warum? *tigginéh?*
was? *ginné!*
wer? *da?*
wie? *nguê?*
wieviel? *singué?*
wo? *ku-oli* od. *ú-oli?*
wohin? *ku-oli?*
woher? *u-oli?*
alles *ndundukú*
anders *angá-soté*
dort *yi-óre*
früh *mbei-isú*
ganz *sineba*
genug *siggize*
genug (satt) *mbué*
geradeaus *mbataya*
gestern *mbattá*
morgen *ba*

heute	*hénneme*	9	*batibiéma*
hier	*tioré*	10	*ba-ué*
immer	*angaäitte*	11	*batinesá* od. *batinindé sa*
jetzt	*hénneme*	12	*batinué* od. *batisindé ué*
langsam	*ńe-vmbáha*	13	*batinebiéta* od. *batisindé biéta*
links	*gáre*	14	*batisindé biéma*
laut	*muggumbádbe*	15	*hirá* (man umfasst das eine Knie
nachher	*mórumbattá*		mit beiden Händen, d. i. 10 + 5)
überall	*iyakanbédu*	16	*kubénisá* od. *irusá*
vorgestern	*kuragbá*	17	*kubéniué* od. *iruálu*
viel	*kiegbe* od. *gbê*	18	*kubénibiéta* od. *irubiéta*
rechts	*kumbábere*	19	*kubénibiéma* od. *irubiéma*
umsonst (ohne Kosten)	*búa*	20	*abborrolué*[1]) od. *mbondungmúndo*
wenig	*tóni*		(man umfasst beide Knie mit
o weh!	*akónn!*		beiden Händen d. i. 10 + 10)
geschwind	*nihepé*	21	*abborrolué ne sa* od. *hirá bati-*
schnell	*nipó* (angehängt)		*noné sa*
		22	*abborrolué ne ué* od. *hirá bati-*
			noné ué

Zahlwörter.

1	*sa*		u. s. w.
2	*ué*	30	*irú-ué* od. *abborró biéta*
3	*biéta*	40	*abborró-biéma*
4	*biéma*	50	*abborró-bisué*
5	*bisué*	60	*irú-biénua* od. *abborró-batisá*
6	*batisá*	70	*abborró-batiué*
7	*batiué*		u. s. w.
8	*batibiéta*	¼	*ull*

Sätze.

Gruss, als Willkommen.	*muyéte* od. *mukenóte.*
adieu.	*miná patiró.*
Wer bist du?	*da ngám?*
Was willst du?	*ginné mo ipinuméh?*
Was geht es dich an?	*ginné no mongálo?*
Wie heisst du?	*limino ningádda?*
Ich bin dein Freund.	*báda lo ngémi.*
Ist das ein Bongo oder ein Dyur?	*Kumá dóle Bakunduliále?*
Wohin warst du gegangen?	*moníndu kú-oli?*
Zeige mir den Weg mit der Hand.	*ya miyuggú gené fére.*
Weshalb lachst du?	*munámonia tiginé?*
Ich bin durstig.	*minagómmoro immi* od. *migomunimmi.*

---

[1]) Von *abborró*, der Mensch, und *ué*, zwei d. h. die Finger von zwei Menschen.

Trinke, aber betrinke dich nicht.	ja mobiłeko mopingaigette.
Gehe zum Fluss.	óhndo ku boimio.
Gehe zur Seriba.	óhndo ku ngappai.
Er kam vom Fluss.	kuniyé boimio.
Das ist von Gir gekommen.	ïniye Girio.
Hast du Kinder?	a guděh beró?
Hast du ein Kind?	guděh beró?
Hast du Fett?	pai oberó?
Gieb mir die Hand.	múffu beró faré.
Ich kenne ihn.	miniko.
Ich war nach Dumuku gegangen.	minindo ku Dumukuyo.
Ich ging zum Walde.	mininulo ku belleyo.
Ich bin nicht satt.	mimbi ngátte.
Ich habe nicht genug gegessen.	miñó mbué.
Er ist nicht zu Hause.	ngakó dimó-itté.
Er starb weil er nichts zu essen hatte.	kugpi mbiká łáette.
Er starb vor Durst.	kugpi mbi'gomuninmi.
Gieb Salz zur Suppe.	móka tippó korag'immi puàyó
Ich habe einen Hund.	angó a bélle.
Das Wasser kocht.	imminăffu.
Er ist gut.	kongmbáttele.
Ist das gut zu essen?	ga mbángba mułé?
Er isst alle Tage Fleisch.	kondlike puàyó na urru aůa.
Was hat er gesagt?	kunágumbá po ginéh?
Ist viel Wasser auf dem Wege?	ga immi ginné gbè?
Der Regen ist zu Ende.	mai ákitti.
Ich habe zwei Ziegen.	a vussindé bélle ué.
Hier im Dorfe giebt es keine Kühe.	gi lingalá le hitti rókette.
Wir haben Hunde.	a-ángo beráni.
Warum schlägst du unnütz den Hund?	mott'ángo bú-a tiginéh?
Ist der Hund fett?	gi ángo le ḱuoḱé?
Liebst du sehr diesen Hund?	munómout' ángo bè? od. munámboti ángo mbè?
Wo starb er?	unékpuóli?
Wo ist der Vater?	bamú-óli?
Uando's Frau.	dèh Uando od. ga Uando dèh.
Imma's Sohn.	ga Imma guděh.
Munsa's Palast.	ga Munsa basá.
Ich schlage den Knaben.	miová guděh.
Binde das Huhn.	ya mucó kondó.
Die Sklavin ist entflohen.	kánga méle.
Er will fliehen.	konekpińé mnméle.
Der Wind kommt von hinten.	uégye yeh saio.

Ich habe Fett.	*pai bélle*
Ich habe kein Fett.	*pai bélletté.*
Du hast viel Zeug.	*lemmú beró gbè.*
Der Knabe ist gefallen.	*gudˈ itti.*
Bist du fertig mit dem Säen?	*monué dundukéh!*
Wie heisst dieses Dorf?	*limmó gi lingára le giné!*
Wie heisst dieser Bach?	*limmó gi ulidile giné!*
Essen die Nyamnyam das?	*ga Zandéh náˈe le.*
Willst du diese Perlen?	*ga munékpiné mu le mˈ anneké!*
Das kommt von der Kälte.	*gére mbiká zélle.*
Das ist wegen des Regens.	*gére mbiká mai.*
Gieb noch Ringe zu den Perlen.	*móffu talá kadˈ annrké.*
Die Ziege liegt bei der Kuh.	*rusindé kúppi páté hitti.*
Der Knabe sitzt auf dem Esel.	*gudéh singu aúlu ákaya.*
Dieses Holz ist sehr schwer.	*ge nguá le lrnié bé.*
Giesse Wasser in den Krug.	*mokˈ immi kákóro yo.*
Sammle viel Gras.	*mudungúnu mvúe bakeré.*

III. Sprache der Kredy. *(Kred.)*

(Die *Kredy* werden von den *Furianern* schlechtweg *Fertit* genannt und ihr Land, im Süden *Dar-Furˈs* zwischen 7° und 8° n. Br. gelegen, als *Dar-Fertit* bezeichnet.)

Substantiva und Adjectiva.

Abend	*liluggu*	Augenlied	*téle múmmu*
Achselhöhle	*mcunn*	Augenbraue	*küllumúmmu*
Ader	*élle*	Angelhaken	*mbúdu*
After	*ungóngu* od. *uvu-góngo*	aufgeweckt, gescheid	*gangandóppa*
		Athem	*yeíya*
alt (von Sachen)	*sára*		
alt von Personen	*grogúdu*	Bach	*ágga*
Angst	*mbaúa*	Backe	*akpámma*
Arm	*liké* od. *leké*	Backzahn	*mballámm*
arm	*irrigí* od. *irri-i*	Bart	*bibúdu*
Arznei	*mánga*	Bast v. Rinde	*ebbéh*
Arzt	*bebingroá*	Bauch	*illi*
Asche	*ráka*	Beil	*idi*
Auge	*múmmu*	Berg	*ámba* od. *ángba*

Bein	*laggéh*	faul, stinkend	*óngene*
Bettstelle	*kettepalá*	Feder	*bibbi* od. *bibbi sihri*
betrunken	*niyanettéh* od. *roiyo*	Fell	*téle*
bitter	*anònne*	Felder, Culturland	*gilaúa*
Blase	*kròkakzóddu*	Ferse	*mbittámm*
Blasebalg	*téloio*	fett	*mbottiši*
Blatt	*kobbó*	Fett	*yúyu*
blau	*gileténde*	Feuer	*óšo*
blind	*guyutúmmumu*	Feuerzeug von	
Blut	*serrámma*	2 Hölzern	*ibbi*
Boot	*klóbbo*	Fieber	*oiyo*
Bogen	*póndo*	Finger	*ungléke*
breit	*gofungó*	Fischwehr	*lémme*
Blattern	*nyóro*	Fleisch	*attá*
Blei	*kellakòio*	Flinte	*oiángbo*
Brust	*lippe*	Flaschenkürbis	*klèkke*
Brustwarzen	*mbámba*	Fluss	*govui*
Butter	*yuyu* od. *killébe*	Freund	*lembé*
Blitz	*indi*	Frucht	*garikpikpi*
		Fuss	*pattilagámm*
Darm	*tófo*	Fusschelle	*mbólo*
Dieb	*béne*	Fusstapfen	*dabámma*
Diener	*littéh*	Friede	*lilazin*
Dolmetsch	*bebugrakkágba*	Führer	*ammomokehi*
Donner	*gudèu mindi*	fein, gestossen	*gesegése*
Dorf	*mómmu*		
Draht	*eberro-ó*	Gallenblase	*littiri*
Durst	*goggáyo*	gebunden	*molóngeši*
Dorn	*inni* od. *ini*	geizig	*landá*
Dreschflegel	*mbleìe*	gelb	*gingeténde*
		gekocht	*endiši*
Ei	*klèkka*	geschickt, gewandt	*robúddi*
Ellbogen	*lungonó*	Geschlechtstheil:	
Eisen	*ró-o*	männlicher	*gazá*
Eisenplatte des		weiblicher	*lukkú*
Handels	*óndo*	Gestell	*langbá*
Elfenbein	*ièie moróngo*	geschoren	*gésrudu*
Erde	*búbbu*	Grassteppe	*ombó*
Euter	*mbámba moddó*	geschwollen	*angéne*
		Gift	*mangegeré*
Faden	*gesebbé* od. *ebbeténde*	Glasperlen	*kolotoddo* od. *klótorro*
Fahne	*tendóio*	Glocke	*mandangólo*
Fest, Fantasia	*lebbéh*	Gott	*ngróa*

Grab	*tittiri*	Jahr	*ungongoyú*
gross	*govendúppa*	Jüngling	*náxoko*
Grossvater	*kolámma*		
Grossmutter	*tetámm*	kalt	*yóbbo* od. *yóppo*
grösser	*góco*	Karawane	*géve*
grün	*gilitende*	Kette, Fessel	*glenienge*
Gummiharz	*kózo*	Kehle	*mborodámm*
gut	*gozó*	Kinn	*ukámmo*
Grube	*titti*	Kind	*genidi* od. *gesudú*
Guitarre	*yondú*	Knie	*lúngo*
		Knochen	*ténde*
Hagel	*nakedindi*	Knoten	*tidu*
Haar	*ééxe*	Kochtopf	*karattá*
Haarnadel	*mángiri*	Köcher	*mbettegáve*
Hammer	*idi*	Kohle	*úsu*
Hand	*patteleké*	Kopf	*dudámm*
Hals	*ódo*	Korb	*xólo*
hart	*dégbe*	Koth, Excremente	*diddi*
Harn	*sóddo*	Krätze	*gripárr*
Haus	*mómmu* od. *koiyo*	Kreuzknochen	*opóygo*
Haut	*téle*	Kürbisschale	*keppoi*
Hälfte	*góngo*	Kürbis	*mangá*
Häuptling (Schech)	*ngére*	Krug z. Wasser	*karui* od. *kára*
Heirath	*andikómma*	Krieg	*béle*
heiss	*diddi*	Kriegsgeschrei	*azkó-o*
Hemd	*bokketénde*	Kupfer	*mbxila*
Herz	*yéppe*	klug	*ingazin*
Himmel	*múmoru*	krank	*nóvo* od. *nó-o*
Hirn	*kimúrudu*		
hoch	*ngró-o*	Land, Gegend	*momonogé*
hockend	*gadibúbbu*	lang	*giri*
Hoden	*kalólo*	Lanze	*bélle*
Hodensack	*bobodidi*	Lärm	*orrugóvo*
Höcker	*oggámm*	Last	*nizi*
Honig	*immih*	Lastträger	*enúngo*
Hörner	*áda*	Leber	*lutámma*
Horn z. Signal	*lése*	leer	*grógo*
Holz	*pippi*	leicht	*gésegése*
Hüfte	*léte*	Löffel	*pálla*
Hunger	*góggo*	Lügner	*klezd*
Hure	*oziri* od. *oxiri*	Lunge	*bobó*
		Lippe	*telakpáma*
Jäger	*bebárri*		

Mädchen	gesénde	Pfeifenrohr	pipi
mager	léne	Pfeil	gebbáh
Mann	úddu	Pfanne	káre
Mark	popó		
Mahlstein		Quirl z. Kochen	pihkpallá
(Murhaga)	ángba		
müde	adamiyi	Raubzug	ló-o
Mehl	gine	Rauch	kakoǹó
Mehlbrei	úru od. gakpóvo	Recht	ungú
mehr	kárebbe	Regen	dindi
Merissabier	ayá	Regenbogen	biri
Mensch, Leute	ndákpa	Regenzeit	ugóngoyu
Messing	lóngbale	reif	endotigí
Messer	émbe	rein	gráhdžugu
Milch	tóffo	Rinde	kokubipi
Mittag	klikondó	Rindenzeug	roggó
Mond	epé	Ring v. Eisen	mbólo
Mund	ákpa	Ring v. Kupfer	mbólunguále
Mutter	yangámma	Ringe, spiralige	génne
Mörser v. Holz	krottó	Rücken	óggo
		Rippe	poppuneránga
Nacht	ndóndo	roh	endirí
Nacken	uródamm		
nackend (ohne		Säbel	pellekéngbe
Schurz)	rí-i	Sack	mbétte
Nabel	uttú	Salz	kónno
Nagel am Finger	kappeleké	Samen	asungú
Name	diri	Sand	kéne
Nase	úngu	Sandale	támma
nass	natédde	scharf geschliffen	angénni
Niere	rózoggu	Schatten	mbíllili
Norden	yangbóngbo	Schemel	mbátta
		Schild	gómbo
offen	ózeri	Schulter	rekké
Ohr	bímbi	Schüssel	pánga
Oel	yúyu	Scheermesser	ngésse
Osten	ndóggo	schlecht	gosídi od. ózeri
		Schmidt	idi
Pallisaden	mbátta	schmutzig	iyi
Pauke	inži	schön	gózo
Peitsche	péle	schwarz	grodungú
Pfeife z. Tabak	orokarákka	Schweiss	képpe
Pfeifenkopf	irrípi	Schwanz	kóyu

schwer	gúru
Schuppen, Dach	momumóddo
Seriba	mbátta
Sehne	élle
Schnurbart	bibuťú
Sklave	ménde
Sohn	itti
Sonne	áda
Spaten	óndo
Speise	děo
Speichel	ekpé
Stachel	ini
Stroh (trock. Gras)	gangána
Sohle	mbattalagámm
Sprache	ádda
Speise	oïiïi
stark v. Geschmack	ánene
stark, kräftig	úmbvone
Staub	bubbú
Stein	rókka
Steppe	bíndi
Stadt, gr. Dorf	dem
Stern	eppé
Stirn	akprúddu
Stock	pippi
stumpf	angéddi
Strasse	yóbo
Strick	ebbé
Sturm	goñaiya
süss	u-ini
Süden	méri
Syphilis	ténde
Tabak	kaká
Tag	kádda
Teufel	makauá
Teig	rippi
Thau	uyiána
theuer	yanginni
Thüre	akpiddi
Tochter	kére
Thon	irripi
trocken	tibbi
Trumbasch, Wurf-eisen	pélle
Termitenhügel	dudunóngo
Todte, Leiche	iri
unbewohntes Land (Wildniss)	sóppo od. sóppuli
unreif	tibbi
umsonst	gáya
Vater	behi
verrückt	róro
viel	góro
Wachs	kellé bimmi
wahr	rayádda
Wald	u-ú
Wasser	áyu od. áya
Wasserschlauch	bettóyo
Wade	bottódu
Weg	bóra
weich	omónn
Weib	énde
weiss	dungo ténde
weit	biháï
wenig	gése-gése
Westen	veia
Wild im Allg.	uaú-uo
Wunde	róro
Wind	yaiya
Zahn	iéše
Zange	góbbo
Zeug	ténde
Zehe	ottiagga
Zinn	dongúnu
Zunge	ndánda
Zaun	ohzgákka

Thiernamen.

I. Hausthiere.

Bulle	modó
Kuh	endemodó
Kalb	littimodó
Hund	kóno

Hündin	endekóno	Aasgeier	sóbbo
Pferd	mrótto	Perlhuhn	kombó
Esel	kéhše	Rabe, weiss-	
Schaf	ndillmi	brüstiger	rahkpá
Ziege	éne	Crocodil	kazúyu
Hahn	odelé od. udelé	Stellio	dóngo
Henne	éle	Chamaeleon	ékki
		Varanus	mrungú

II. Wilde Thiere.

		Schlange	inži
Cercopithecus		Frosch	golommó
griseoviridis	ólo	Fische	kéze
C. pyrrhonotus	nágga	Ameise	solembé
Cynocephalus babuin	búru	Termite	ässa
Igel	óko	Fliege	óngo
Spitzmaus	džanže kreie	Tsetsefliege	lilli
Canis variegatus	glómmu	Biene	kellák immih
Genette	ndilli	Holzwurm, Botrychi	glapippi
Löwe	gańekáza	Scorpion	kadeló-o
Löwin	yukukáza	Laus	ló-o
Leopard	selembé	Spinne	álošo
Katze	léže	Wespe	rédde
Kater	uduléže	Bandwurm	tóffo
Eichhörnchen	angá	Blutegel	šušú
Ratte	otó	Guineawurm	élle
Meriones	ittih		
Aulacodus Swin-		Pflanzennamen.	
derianus	mbádža	I. Culturpflanzen.	
Hase	ózo	Sorghum vulgare	dzo
Elephant	morongó	Penicillaria	koroio
Hippopotamus	mrungú	Zea Mays	óhzgákka
Nashorn	gurúppo	Eleusine coracana	ondó
Phacochoerus	boddó od. bonybó	Vigna catjang	ére
Giraffe	gorisisi	Phaseolus Mungo	kuttelé
Antilopen im Allg	uaúa od. uaú-uo	Sesamum	ngáya
A. Oreas	kóbbo	Arachis	kinne
A. difassa	adih od. ndobbéh	Batatas edulis	kúndo
A. leucotis	ngaio	Manihot utilissima	obó kengbé
A scripta	lénže	Dioscorea alata	obó
A. Caama	kreia	Banane	angési
A. Madoqua	kédo od. kollodó	Ricinus	mbésse
Büffel	mbah od. sóbbo	Nicotiana Tabacum	kaká od. kaggá
Vögel	sisi	Zwiebel	lánga
Milan	lili	Cucumis Chate	répe od. ebbé

Lagenaria	*uh-klèkke*
Cucurbita maxima	*kóbo mangá*

II. Bäume *pippi*

Borassus	*liggi*
Tamarindus	*dáda*
Butyrospermum	*lúlu*
Bambus	*tèbbe*
Baumwolle	*bunténdi*
Calamus	*súbbu*
Cubeba Clusii	*dére*
Gräser	*ombó*

Fürwörter etc.

ich	*ámma*	mein	*ngámma*
du	*úmmu*	dein	*ngúmmu*
er	*ètte*	sein	*ungétte*
wir	*ágga*	unser	*ungágga*
ihr	*iggi*	euer	*ungíggi*
sie	*éppege*	ihr	*ungéppege*
dieser	*kákka*		
jener	*yempíži*		
jeder	*yemtíri*		
anderer	*yèzi*		
selbst	*andíži*		
für	*kádda*		
(für mich	*káddarámma*)		
mit, zusammen	*baia*		
auf	*pi* od. *piká*		
zu, hinzu	*apo-ká*		
unter	*umbú*		
hinter	*góllo*		
über	*óro*		
darin	*ili*		
in	*iž* od. *yong*		
gegen, zu, hin	*ka* od. *kamóm*		
nach (Zeit)	*ódo*		
nahe bei einander	*mémme rómmu*		
wegen	*káddi*		
bei, auf, zu	*ta*		
jetzt	*mbágu*		
früh	*klikkóndo*		
gestern	*ngánža*		
heute	*táhdža*		

morgen	*ndúmmu*
vorgestern	*mindirómo*
wann	*kuddé?*
warum	*káddena* od. *kaddingá*
was	*nga?*
wer	*pidé?*
wieviel	*árere?*
wie	*allarére?*
wo	*addé?*
ja	*hing*
nein	*bádi*
nichts	*azinni*
oder	(wird im Satze weggelassen durch Wiederholung des Zeitworts ersetzt.)
aber	*yákka*
und	*étti*
wenn	*rumánda*
ohne	(wird durch „nicht" ersetzt)
gewiss, richtig	*raiyádda*
genug	*ariyi*
anders	*gózo*
langsam	*dúlu*
geschwind	*gri-gri* od. *geh-géh*
immer	*mánižì*
laut	*yemmgóvo*
voll	*ellùži*
umsonst	*gáya*
nahe	*báka*
zuviel	*maregi*
dort	*pižu*
hier	*duggá*
draussen	*gesúggu*
oben	*óro*
voraus	*gólo*
zu Hause	*ili koio* od. *takoio*
links	*yóggo*
rechts	*lássa*

Zahlwörter.

1	*baia*
2	*rómnu*
3	*tótto*

4	sósso	komm!	óhdo
5	sáya	lass ab!	abbaddá
6	yembobaia	lachen	kéše
7	yemborómmu	laufe!	gássa
8	yembotótto	lecken	immlekámm
9	yembosósso	machen	rómmu
10	puh	melken	grissé
16	púuši yembobaia	mischen	giprippi
15	púuši yensaosáya	nehmen	idi
20	púuši yupú erdá	öffnen	agíyi
30	púuši yu piuši yu púuši	pfeifen	yoló
	etc. etc.	prügeln	ambedé

		reiten	andrugú
		säen	gridongú, gridózu
	Zeitwörter.	sagen	yémme
baden	ióbbo	sammeln	gócu
beerdigen	titti, itti	schlafen	bibi
beten	gró-o	schneiden	rottó
beischlafen	andá	schreien	nóno
blasen	émošu	schweigen	ádigbi
bleiben	adubúbbo	schwimmen	géye
braten	rofattá	setzen	adibúbbu
brennen	ošaki	stehen	erutóro
entfliehen	ngássa	springen	yémbe
erbrechen, sich	yédde	spucken	éhkpé
essen	gošó od. gošóngo	stehlen	bini
finden	mokiši	stossen	gambóngo
fragen	udetté	tätoviren	gokágba
gebären	litti	trinken	múmmu
gehen	ló-o	verkaufen	govúngo
giessen	udúbbubu	waschen	yóbbo
grüssen	bogbarreré	werfen	elinn
hauen	ambeddé	wissen	mokkéš
heben	géne od. genúngo	wollen	mebádda od. aíama
hinken	tóbbo	zählen	grodungú
hören	mogeži	zeigen	yehmbáma
husten	ekpé	zerbrechen	yoffeži
kauen, Tabak	góñkagga	zittern	godúggu
kaufen	yuuánda	zudecken	itenné
kennen	mukkoži		

Grüsse.

Was macht der Vater?   bogbébi!
Was macht die Mutter?   bogbe ángámma!

Gehts gut?	*bobungaredé!*
Antwort:	*bobuñaïá.*
Willkommen.	*tákka* od. *mdyu.*
Antwort:	*tákka.*
Bist du gesund?	*bogbamm:ad:a!*
Lebewohl.	*mbdigósso.*
Wohlgeruht?	*mindiarredé!*
Antwort:	*mindigósso.*

IV. Sprache der Dyur (Schilluk).

(Die Dyur nennen sich selbst *Luöh* und bilden nebst den *Bellánda* und *Dembo* einen ausgewanderten Schilluk Stamm. Die Dinka haben ihnen den Namen *Dyūr*, d. h. Wilde ertheilt, weil sie der Viehzucht entbehren. Die Bongo bezeichnen die Dyur mit dem Ausdrucke *Behr*.)

Vorbemerkung.

In Betreff der Umschreibung ist folgendes zu bemerken:
1) das bei den anderen Sprachproben meist weggelassene deutsche Dehnungszeichen für Vocale, *h*, ist hier, weil in der Dyursprache stärker ausgedrückt, beibehalten worden.
2) *ch* = *j̇* sprich aus wie in *ich*, *fröhlich* etc., nur etwas schwächer gehaucht, nicht wie (*χ*) *ch* in *ach*, *Buch*.
3) dem *j̇*, *ch* gleich ist am Ende der Worte ein schwacher Hauch, wie z. B. *ṅ* od. *ny*.
4) *ng* = *ñ* nicht wie in *eng*, *lang* auszusprechen, sondern nasal, fast wie im französischen *non*, *sans* etc.
5) *sch* = *š* sprich wie *s-ch* (*sχ*) getrennt, oder als Mittellaut zwischen *s* und *χ*, in Folge der allgemein geübten Sitte des Ausbrechens der 4 unteren Schneidezähne.
6) Häufung von Vocalen erfordert gesonderte Aussprache der einzelnen. z. B. *oui* wie *o-ui*.
7) *p* geht fast immer in *f* über und ist meist undeutlich.

Die Dyursprache scheint, wie ich bei den echten Schilluk nachgewiesen habe, die Mundart der letzteren kaum anders abgeändert zu haben als es die nachbarlichen Verhältnisse zu den Bongo und Dinka mitsich bringen mussten. Die Anklänge an letztgenannte Sprache scheinen übrigens mehr in nachbarlichen als in verwandtschaftlichen Beziehungen ihren Grund zu haben. Fast ebenso unverändert, wie die Dyur, haben die Bellanda die Schilluksprache beibehalten, obgleich sie zu einer früheren Auswanderung gehören und von den Dyur durch die ganze Breite des Bongolandes getrennt erscheinen.

Substantiva und Adjectiva.

Deutsch	Bongo	Deutsch	Bongo
Abend	tihno	Blut	rémo
Achselhöhle	tiuótt	Blüthe	žuiž
Ader	léndo	Bogen	otůmm
After	moń	Boot	yei
alt von Menschen	okíd	Blattern	offórak od. guálla
alt von Sachen	gimógua	Blei	ayóm
allein	mau	Brei	kuónn
Arm	iyengánn	Brod	mónno
arm	odámmo	Brust	koh
Arznei	yatt	Brustwarze	tunn
Asche	burr	Butter	montákk
Ast	barriátt	Blitz	ngódekott
Auge	uány		
Augenlied	dehnouáng	Dach	uiótt
Augenbraue	yierruáng	Darm	žihn
Angelhaken	umitt	dick	tèhk
Athem	oyio	Dieb	marrkaú
		District	páhdo
Bach	lohl	Dolmetsch	lummokuárr
Backe	pihno	Donner	máhla
Backzahn	lwóng	Dorf	páhdo
Bauch	unyaú	Draht	yuoll
Bart	tittih	Düse, Thonröhre	atäüh
Bast	ngálo	Durst	riaú
Beil	leh	durstig	ranriaú
Berg	kiddi	Dorn	kóhdo
Beschneidung	yuómm	Dunkelheit	uárr
Bein	téllo		
besser	behr	Ecke	télo
bereit	nutt	Ei	uótt
betrunken	annekógen	Ellbogen	atiéll
bitter	kèd	Eisen	nièng od. nühng
Blase	alúd	eisern	ngéhno [1])
Blasebalg	obůk	Eisenplatte (des	
Blatt	bóhko	Handels)	žéddo nièng
blau	marr	Eisenschlacke	auúibo od. žyett
blind	žuòrr	Elfenbein	tuhng

[1]) Man sagt z. B. ngéhǔo uánni ngéhǔo, eiserne Schüssel.

eng	tihn	geheim	lummubĕrr
Erde	ping	gehorsam	behn
Euter	äiák	gekocht	ayikéllo
		Geliebte	gommánn
Fahne	amórr	Gesandter	vóri
faul, träge	ñualo	Gesang	ouórr
faul, stinkend	pĕrt	geschickt	giñuaú
Faden	uára unöbehne	Geschlechtstheil:	
Feder	yehr	männlicher	ñull
Fell	fiĕn od. piĕhn	weiblicher	murr
Felder (Culturland)	puódo	geschoren	akód od. aliéll
Feind	uohkédo	geschwollen	akuótt
Ferse	opúñ	Gift	guók
fertig	órromo	Glasperlen	tió od. tio
fest	uäúngo	(Glasperlen vom Chartumer Markt.)	
Fest, Fantasia	ouórr	-Damaraaf	alluéll
fett	uäuótt	-Neautet	ñiaú
Fett	mau	-Múria	guanguéhk
Feuer	mad	-Genetöt	mellŏhk
Feuerzeug von		-Bärred	léhru
2 Hölzern	apñjih	Glück	duók
Fieber	duók	Glocke	uköht
Figur v. Holz	luĕdo	Grab	lóhro
Fischstecher	bedili	grausam	girringá
Flaschenkürbis	opóggo	Grossvater	kuáh
Fleisch	ringo	Grossmutter	uánga
Fliegenwedel	akuóhdo	grösser	moduóng
Flinte	mad	gross	duóng
Fluss	namm	grün	muñóll
Freund	gommán	Gummiharz	duóh
Furcht	luárr od. lorr	gut	behr
Fuss	tiéllo	Grube	bur
Fussschelle	gerrén	Guitarre	tohm
Fusstapfen	tenduihn		
Führer	duárr	Hagel	ñikidi
		Haar	duoi
Galle	kéhndo	Hammer	ñuóll
gargekocht	atuók	Hand	äyengó
gebunden	tuoio od. attuótt	2 Hände	äyengihn
Gedächtniss	uihuouill	Haken	agór
gelb	kuárr	Hals	mutabéhn
geduldig	tohrotúbbo	Halsring	yuonigutti
gefrässig	nariñámm	hart	tĕhk

Harn	lad	Kehle	duòl od. dudll
Haus, Hütte	uiótt	Kind	nettéhn
Haut	dehl	Kinn	tittih
Hälfte	pángun	Klaue	kuóng
Häuptling	ruitt	Knabe	nettéhn monguéhn
Heirath	uóhro	Knie	äyung
heiss	tiéht	Knochen	äyióh
Hemd	uára	Knoten	tuód
hell	ñáng	Kochtopf	atábbo
Herz	adúhlo	Köcher	dóhko
Himmel	máhla	Kohle	béllo
Hinterer (podex)	báhmo	Kopf	uid
Hirn	ngett	Korb	dihta
hoch	nohmáhlo	Kotb (Excrem.)	äyiédo
hockend	onyuónge	Krätze	guóno
Hoden	menn	Kreuzknochen	terr atóhr
Hodensack	dongménn	Kürbisschale	uill
Höhle	burkiddi	Krug z. Wasser	dakk
Honig	kid	Krieg	luiń
Horn (z. Signal)	ogóhndo	Kriegstanz	gúmbo
Horn (gr. Signalhorn)	móhnga	Kriegsgeschrei	yiai
Hörner	tuhng	Kupfer	dellál
Holz	yatt	krumm	ongòhlo
Hüfte	¿uongofiérr	klug	odámmo
Hügel	gott	krank	toh
Hunger	kat	Kugel	angénn
Hungersnoth	kat'béhdi	kurz	tiékk
Hure	ball	lang	bahr
Harz	duóh	Lanze	lai
Höcker	duóll	Lärm	yiai
		Lastträger	tehr
Insel	angóll	Leber	iuing
Jñger	duór	leer	yeh ñáng
Jahr	namukuéhr	Leiche	amuttó
jung	ihránn	leicht	yoht
		Lenden	ngeht
kahl, ohne Haar	ueñáng	List	gaddudl
Kalt	koio	Loch	kamapuòhga
Karavane	nákko-muttót	Löffel	bin
Kette, Fessel	yuhntéll	Luft	yámo
Kette zur Zier	yuhndéh od. pań	Lügner	toht
Keule	loht	Lunge	ubau

Lippe	dehndókk	Nest	uorro uíño
		Netz z. Fischen	allóm
Mädchen	ńákau	Niere	rongó
männlich	tuónn	Norden, gen.	obudifing
Magen	žihn		
mager	luolle	offen	tih
Mann	giďuaú	Ohr	yil
Mark	monjióh	Ohrfeige	udóngo
Mahlstein(Murhaga)	totóh	Oel	mò-u
matt, müde	auuóll	Ort	girúhn
Mehl	mòh	Ortsvorstand	ruótt
Mehlbrei	kuénn od. kuónn	Ostwürts	ńangegénn
Mehlteig	yiopó od. yübbo	Osten	ńánga
Meissel	tuóng		
mehr	doággeh	Pallisaden	gèo
Merissabier	kòngo	Pauke	buhl
Mitte	nuŭyék	Peitsche	ngèhro
Mensch	ńókko	Pfahl	pèo
Messing	damárra	Pfeife z. Tabak	dahtábba
Messer	pálla	Pfeifenrohr	obèd dahtábba
Milch	l'ahk	Pfeil	otèhro
Mittag	giďéngo	Puls	nyio
Monat	duai	Pflock	žyúhdo
Mond	múhdo	punktirt	mellèhk
Milz	tah		
Morgen	ńángo	Rache	luiňpáyo
Mund	tió	Raubzug	luíň
Mutter	mio	Rauch	ihró
Mörser (v. Holz)	pań	Regen	kott
Mungala (Spiel)	uéht	Regenbogen	ndáhno
		Regenbett	alóhlo
Nacht	l'ehno	Regenzeit	dukótt
Nacken	ngúddi	reich	mohláňo
nackend (unbe-		reif	èňekk
schürzt)	tďádo kennaŭ	rein	žyáng
Nabel	pèhl	Reuse	ruók
Nagel (a. Finger)	lèhdo	richtig	behr
Name	ńeng	Rinde	apóngo
Nase	humm	Ring	yuóll
nass	mižäng	R. v. Eisen	yuóll ingéhno
Narbe	poío	R. v. Kupfer	yuóll dellál
Nebel	ruéh	R. m. Dornfortsützen	
neu	miňán	am Handgelenk	yuóll attúhm

R. v. Elfenbein		schön	behr
am Oberarm	afiók	schwarz	uáng mušóll
R. a. Fussknöchel	yuóll i tiéllo	Schwanz	yupp
R. v. Messing		Schweiss	pokk
gegossen	yuóllanuétt damárra	schwer	pèhk
Ringbeschlag am		Schuppen(Rokuba)	pehm
Unterarm	kerr yuóll	Seriba	gèo
Ringe, spiralige		See, der	duh
am Arm	mágga	Sehne	lénne od. léndo
Rost	apóg niéngo	Schnauzbart	yéhdókk
Rücken	ngeánn	Sklave	bang
Rippe	ngéhdo	Sohn	uáhre od. uárran
rund	niuráhmo	Sonne	ïyuóng
Russ	šülló	Spaten	kuérr
roh	minúmmu	Speise	auánda
roth	kuárr	Speichel	lau
		Spiel um Gewinn	buótt
Säugling	nettehn mudóht	Spiess, spiculum	yuai
Sack	dògo	Spitze	tekk
Sahne	abóyo	Spion	gallibbo
Salz (Aschensalz)	kádda	Stachel	káhdo
Samen	kohdéhn	Strohtrocknes Gras	tidng
Sand	kuoio	Sohle	dobbo tiéllo od. -dubb
sauer	uád	Sprache	de
scharf v.Geschmack	kèdmọh	Sprache der Dyur	de Luóh
scharf (geschliffen)	bett	stark, kräftig	tèhk
Scharlachfieber	angiaú	stark v. Geschmack	lieht
Schemel	kohm	Staub	lúhdo
Scheitel	tihdo	Stein, Granit	kiddi
Schelle	gerréhn	Stein, Raseneisen	lèhlo
Scherz	tuóh	Steppe	ndomm
Schild	kuótt	Stern	šiéro
Schlaf	néndo	Sternschnuppe	šiére apónne
Schulter	batt	Stirn	tèhr númm
Schneidezahn	lakk	Stock	loht
Schüssel	uánni od. uanniútt	stumpf	babétt
schlecht	rat	Strick	tohl
Schlauch	dungfïh	stumm	gúong
Schmelzofen	damuóh od. tuń	süss	mett
Schmidt	bóhdo	Sumpf	šuóddo
schmutzig	nóhro	Syphilis	oyángo
Schneide	dèh	Süden, gen S.	
schnell	lurkïtiu	(= Norden)	obudijing

taub	mihng	Weib	dáhgo
Tag, nicht Nacht	diryengó	weiblich	maht
Teufel(böse Geist)	róngo	Weib, Gattin	rihn
Teich	dah	weiss	turr
Thau	to-ih	wenig	tehn
theuer	iyunanebánge	West	tiéno
Thür	duótt	westwärts	tiéhnegennod.tiéhnéhn
Thüröffnung	tióh	Wild, Antilopen etc.	lá-i
Thürpfosten	róhdo	Wildgarne	boi
tief	bahr	Wildniss	genndomm
Thon	lóhro	Wind	yámmo
trocken	otállo	Wolke	riáddo máhlo
Tropfen	ottónn	Willkommen	uáhno
Trumbasch (Wurf-		(Antwort darauf:)	ng od. roáreng od.
eisen)	péhndo		ehn
Tochter	nárran	Wunde	kammelétt
Ufer	tongé	Zahn	ham
unbekannt	kahnido	Zange	kobbi
unbewohntes Land	genn domm	Zauberer	marriyuók
ungeduldig	baándeäwnéh	Zeug	uáhra
Unglück	duók tóhro	Zehe	luèhdo
unnütz	borómm	Zinn	ayiöinbo
unreif	métted	Zunge	lèhp
		Zwerg	miriékk
Vater	uhró	Zwillinge	kuaú
Verräther	ngarretóht	Zaun	kalli
verständig	ngèo		
verwandt	ngaddúnn	Völkernamen.	
viel	toht	Dyur	Luóh
voll	pong	Schilluk	O-Suóhlo
verrückt	ngamúdam	Bongo	O-Bong
Verschneidung	buól	Nubier	O-Túru
		Nyamnyam	O-Madáka
Wachs	duóh kil	Dinka	O-Dyánge
Wächter	ngáddikóhr	Mittu	O-Mittu
Wald	búngo	Bergvölker i. Süden	
Waldgeist	gòtt	der Bongo	O-Kiddi
Wasser	bafih od. fahpfih		
Wasserschlauch	dungfih	Personennamen.	
Wade	elóbbier	(männliche.)	
Weg	yióh od. iyóh	Akéd	Atéhm
weich	yióhm	Agada	Aguádd

5*

Auét	Yáyla	Proteles?	ngoío
Akóti	Yod	Civette	yuóll
	Yánno	Genette	añára
Eluál		Ichneumon	gorr
	Majób	Löwe	muh
Bohl	Maguáb	Leopard	kuát
	Mauihn	Caracal	nuoí
Delagó		Katze	bang od. guáng
Dimó	Okél	Kater	tuónn guáng
Duhd		Sciurus leucumbrinus	aiyeda
	Uóll	Mus rattus	uío
		Meriones	omádda
Thiernamen.		Aulacodes Swin-	
I. Hausthiere.		derianus	loń
Kuh	diáng	Hase	apuoio
Bulle	tuónn	Stachelschwein	ńaú
Ochs	tuónn ma buót	Orycteropus	mohk
Kalb	ńidiáng	Manis	kong
Ziege	biéll	Elephant	liéd
Ziegenbock	ńuókk	Rhinoceros	umuó
Schaf	róhmo	Hippopotamus	fahr
Pferd	aduókk	Phacochoerus	kull
Esel	ákada	Sus sennaarensis	amayók
Kamel	amánda	Giraffe	uéhr
Hund	guók	Antilope (Wild im	
Hündin	mahtguók	Allgemeinen)	lai od. lá-i
Hahn	géno od. dgéhno	Antilope Oreas	odiérr
Huhn	tuónn dgéhno	A. leucophaea	ómmar
		A. difassa	ummúo
II. Wilde Thiere.		A. leucotis	tihl
Cercopithecus		A. arundinacea	pohr
griseoviridis	ngèhro od. angéhro	A. scripta	róhro
Cercopithecus		A. Caama	púrra od. purró
pyrrhonotos	abúro, abúero od.	A. senegalensis	tahng
	abuórro	A. Addax	añidól
Cynocephalus		A. grimmia	ńepál
Babuin	bimm	A. Madoqua	nettéde od. tiédo
Galago senegalensis	añuaí od. añuoí	Büffel	dóri
Igel	ohkòddo	Vögel	uińo
Spitzmaus	óhkul od. uńull	Aasgeier	añutí
Ratelus	ogáng	Ente	nuók
Canis variegatus	toh	Gans	attudú
Hyaene	útluon	Kuckuck (Centropus)	oluétt

Milan	atuóng
Papagei(P.torquatus)	ellál
Perlhuhn	nijehnduóhk
Rabe	agák
Reiher, weissgrauer	lagboáhl
Straus	uúddo
Tmetoceros abyssinicus	rumm
Taube(PapageiT.)	lúoh
Turteltaube	auéhr
Crocodil	ńang
Chamaeleon	ungóngo
Scincus	dugbí-tehn
Geko	lé-u od. léh-u
Varanus	agáńo
Stellio (Agama)	dugbí
Schildkröte	puhk
Frosch	oguál
Schlange	tuól
Insecten	tuóngo
Fliege	allóungo
Biene	kid
Grille	derr
Mücke	bèhe
Libelle	ańára
Heuschrecke	gohd
Käfer	stoht
Nashornkäfer	mangelingáńa
Spinne	utiémm
Scorpion	yiétt
Krabbe	lohdénn
Ameise	mórro
Tsetsefliege	má-o
Laus	ńúo
Termite	bih
Fische	réhyo
Polypterus	dehng
Blutegel und Bandwurm	šuéh od. šuéyo
Guineawurm	šiaú
Muschel	agóvi
Schnecke	ašuóhmbo od. ašyómbo

Pflanzennamen.

I. Cultarpflanzen.

Sorghum vulgare	bell
Sorghum saccharatum	nèhngo
Eleusine coracana	kóhndo
Zea Mays	abbetáhb
Penicillaria	rau
Arachis	abéll
Sesamum	humm
Capsicum	matéhdo
Lagenaria	tiáme
Cucurbita maxima	káhno
Vigna Catjang	ngorr
Phaseelas Mungo	mókkua
Dioscorea alata	báddo
NicotianaTabacum	tábba
N. rustica	mašırr
Hyptis spicigera	nihno

II. Bäume, Sträucher. yatt

Butyrospermum	yau
Borassus	tuóh od. tíoh
Bambusa abyssinica	kau
Gossypium	uára
Tamarindus	šuáh od. tuai od. tšoáh
Urostigma platyphyllum	kuél
Combretum sp. coriacea	kat
C. sp. macrophylla	adimbó
Detarium	akúddo
Vitex Cienkowskii	yuóll od. yáhla
Diospyros	kúmmu
Sarcocephalus	móńo
CapparisHartmanni	ašálla
Anonychium lanceolatum	dáńa
Cassia fistula	okétt
Acacia Catechu	ungóno
A. Sejal	áluéh

Acridocarpus	akánga	Parkia	náhre
Zigyphus abys-		Mimusops Kummel	ñaluéhl od. déhne
sinicus	lánga	Carissa tomentosa	apírinn
Grewia venusta	apóbo	Boscia octandra	akondó od. amáhna
Euphorbia Cunde-		Oncoba spinosa	lonkód
labrum	bóndo	Stereospermum	aporók
Mimosa asperata	alluéh	Spondias	tibó
Crossopteryx	akúh	Pterocarpus abyssi-	
Afzelia	ťánda	nicus	digdik
Lonchostylis phile-		Vangueria edulis	róango
noptera	uléddo	Abrus	uréhño

III. Kräuter. uáddʻ)

Soymida	puht		
Urostigma glumosum	yáro	Sanseviera guine-	
U. luteum	mogoló	ensis	tahr
Grewia micropetala	adovúda	Phragmites	obát
Terminalia		Imperata	bió
macroptera	pòh	Physanthemum	amáhna od. arei
Strychnos innocua	nahkánga	Vernonia Perrottetii	dett
Loranthus	luedeyát	V. Hochstetteri	anibúhro
Anogeissus	riht	Asparagus Pauli	
Ximenia	alémo	Guilielmi	ungóno
Rhus pyroides	delók	Cadaba farinosa	alédo od. alihdo
Chrysophyllum	adák	Hedyotis	attáh
Anona senegalensis	aboló	Erigeron	yatt
Bauhinia tamarin-		Haemanthus	téo
dacea	opott	Cissus 4-angularis	ogáh od. aréhng
Zygia Brownei	kuirr	Calanchoe	kod
Gardenia	duóng	Dolichos frutescens	agónda
Caillea	ákiro	Entada scandens	nibánga
Odina	adáng	Crinum abyssinicum	guándo
Randia dumetorum	kahr	Papyrus	erruórr
Stephegyne africana	ñóño		
Humboldtia	kòhbo		
Khaya	tihdo		**Fürwörter etc.**

Carpodinus dulcis	odillo	ich an	mein grann
C. acidus	apuómo	du yihn	dein márran
Syzygium	kahr od. goáh	er ñénno	sein marré
Capparis tomentosa	abáng od. abáñ	sie(fem.) ñáno	unser marruán
Parinarium excel-		wir uánn	euer margéh
sum	akumbó	ihr uieh	ihr margén
Carissa edulis	kóhdo	sie dóhno	

---

¹) Wird allen Pflanzennamen vorgesetzt.

dieser	ńenn	wie?	ńingengd!	
jeder	nudúkk	wo?	ánni nakéa!	
selbst	yinn	ja	nemáhn	
jener	ginninn	nein	tóhro	
anderer	nohno	gewiss	náno	
auf	uih od. uh	nichts	ginigátti tóhro	
für	kélli	aber	abéh	
bei	tánge	oder	éh	
in	ne	und	ki	
nahebei	kámma kéllo	immer	keré	
ohne	mingébi	allein	nau	
hinter	śenn	nur	érrumo	
zusammen	uráhmo	ganz	nulúk	
nach (Zeit)	au	voll	pong	
unter	ráhgotárre	genug	orúmo	
hier	káhni	geschwind	lahr	
dort	kinśa		kíyego	
draussen	uóko	langsam	máhde	
gerade aus	nau	laut	tèhk	
links	śiähm	jetzt	auáhni	
rechts	kuit	gestern	ńuorro	
oben	máhla	heute	tinn	
überall	pingbéhn	morgen	króh	
weit	bahr	nachher	tśüngi	
wann?	uéhne!	früh	kagruaú	
warum?	bággin?	spät	éyuóngtóhro	
was?	ginn!	vorgestern	ńuorro	
wer?	ingá!		mátχa	
wieviel?	géhdi!			

10	afár
11	afár uáng akéllo
12	afár uáng arriaú
13	afár uáng adíkk
16	afár uáng bikiéll
20	tirróh
30	tirrdiálk
40	tirringuéhn
50	tirridíhd
60	tirrbikiéll
70	tirrbirriaú
80	tirrbidákk
90	tirrbinguéhn
100	girriaú kafár od. daudúhndo budtt

Zahlwörter.

1 akéllo
2 arriaú
3 adákk
4 anguéhn
5 abíhd
6 bikiéll
7 birriaú
8 bidákk
9 binguéhn

Zeitwörter.[1]

aufhören, lassen	érrumo		
baden	ólluók		
beerdigen	toh		
beten (d. Mohamed.)	geh!	śeddi	
unguaia	giessen	óhgi	
besiegen	oákere	graben	koń
betrügen	rúbi	grüssen	uáhnda
biegen	arid	hängen	udigár
blasen	kóhdi	halten	mau
braten	kel	hauen	puórri
brennen	auáng	hinken	nuóll
bringen	kell	hören	lingi
bleiben	behdi	husten	uóhlo
drehen	duoí	kauen (Tabak)	ńámmadéh
drücken	déhli		
entfliehen	ogódo	kaufen	śiaú
essen	aśámme	kennen	ngaia od. ngé-ine
fangen	mau		
fallen	ojóddo	komm!	ayíh
finden	ayóhdo	klettern	yett
fragen	akkelin	lass ab!	uih
gebären	ańuóll	lachen	néhro
gehen	uśédo od. śyédo	laufen	góhdi

---

[1] Beliebiges Vorsetzen von Fürwörtern und Adverbien bieten Ersatz für die Conjugation, die auf í auslautenden Formen sind indess ausschliesslich Imperativ.

lecken *nang*	säugen *pihdo*	stossen *šóhri*	verkaufen *kinningugeó*
machen *attihgan*	schicken *uóhr*	suchen *kiχádo*	
melken *nett*	schlagen *ago-i* od.	stottern *moduón èpèhk*	verstecken *kánni*
mischen *ruhbi*	*go-ih*		verschweigen *ihkekóbbo*
nehmen *mauod.káhbi*schlafen *buddò* od.		tanzen *mèhdo*	
niesen *derr*	*néndo*	tätowiren *guèht*	versprechen *ašyóhda*
öffnen *yábbi*	schnarchen *tuáhro*	tauchen *roń*	verschneiden *buóč*
ordnen *guaú*	schneiden *yèddi*	trinken *máhde*	waschen *luóhk*
pfeifen *luého*	schreien *yuákk*	tritt ein! *benuótt*	werfen *tóhri*
pflanzen *pèhdi*	schweigen *lènge*	übersetzen *tohk*	wissen *ngé-ine*
es regnet *kotto béhno*	schwimmen *kuáng*	(einen Fluss)	wollen *idéhragin* od.
reisen *asyába páyo*	sich setzen *pših*	umwenden *lau*	*šiuiniy*
reiten *páhri*	spalten *kau*	umstossen *šuóhr* od.	zählen *kuèhno*
ruhen *uyuóhmo*	stechen *šuhngó*	*tuóhri*	zeigen *ńóhdi*
säen *yórri*	springen *farr*	verirren *arruáńo*	zerbrechen *tóhri*
saugen *kóbbi*	spucken *okaú*	verlassen *òhšeddo*	zittern *riaú nikinni*
sammeln *šyongih*	stehlen *kau*		zudecken *uhm*

V. Sprache der Gólo.

Vorbemerkung.

Die Gólo bilden den Rest eines durch den Sklavenhandel decimirten Volks, dessen gegenwärtige Sitze sich unter 8° n. Br. zwischen den Flüssen Kuru und Pongo, Nebenflüsse des Bachr-el-Arab und Bachr-el-Ghasal befinden, im östlichsten Theile des unter dem Namen Dar-Fertit bekannten Landstrichs.

Die Sprache dieses Volks ist ausgezeichnet durch den Besitz zahlreicher Zischlaute, mehrerer Nasallaute, welche in nachfolgenden Proben unberücksichtigt blieben und vor allen durch eine Anzahl unserer Diphtongen, namentlich *è*, *o* und *u*, welche den übrigen Sprachen der das Bachr-el-Ghasal-Becken bewohnenden Völker fremd sind.

Eine häufig angewandte Verdoppelung der Endsylben oder Wiederholungen einsylbiger Worte gehören in nicht minderen Grade zu den Eigenthümlichkeiten der Gólosprache. Nur ihr ist eine Verdoppelung des weichen *v* (deutschen *w*) eigen.

Von Zungenlauten bietet die Sprache, im Gegensatze zu denjenigen der meisten Nachbarvölker eine beträchtliche Anzahl:
1) das deutsche *z*, wiedergegeben durch *ts*,
2) das russische з, wiedergegeben durch *zz*,

3) das deutsche ж (franz. ?) ż,
4) ds und 5) ss = s
an Zischlauten:
1) das russische ж = ž
2) tsch = tš
3) sch = š

Substantiva und Adjectiva.

Deutsch		Deutsch	
Abend	doltsá	Brodbrei	kuio
Achselhöle	tsókkofin	Brust	eocé
Ader	ararrá	Brustwarze	ongongó
After	bukéh	Buckel	ullulú
alt v. Personen	áka	Butter	émme
alt v. Sachen	nzinzin	Blitz	tingá
Angst	aúa		
Arm	iníní	Dach	pah
arm	kikki	Darm	eiye
Arznei	filla	Dieb	angbá
Arzt	hakkaká	Dolmetscher	neffeseffe
Asche	fuh	Donner	uúh
Auge	gille	Dorf	pállukioh
Augenbraue	usugille	Durst	gungú
Athem	tikkátikká	durstig	iši
Bach	onónó od. ogand	Ei	uíyu
Backe	kóndulu	Ellbogen	dupoéng
Bart	sámmi	Eisen	buddú
Bast (v. Rinden)	uh-ú	Eisenplatte des	
Bauch	ivivi	Handels	kutši
Beil	kullugbó	Elfenbein	iddúfjo
Berg	offófiú od. offóh	Erde	misse
Bein	katsá		
Bettstelle	kittipárra	Fahne	mbiskku
betrunken	fitáseh	faul (stinkend)	kafize
bitter	šiši	Faden	uhtende od. vistande
Blase	gongúnda	Feder	sundú
Blasebalg	fúkkú	Fell	akuá
Blatt	okkó	Freund	réllebe
blind	gillekohihe	Frucht	inži
Blut	iśiśi	Fuss	katsá
Boot	kóngolu	Fusstapfen	andé
Bogen	kúca	Felder, Cultur	ndeh
Blattern	mbórru	Ferse	dúndu

fett	óvvo	Jüngling	lengená
Fett	emme		
Feuer	aúo	kalt	ózzo
Finger	ayengi	Kette (Fessel)	glenzengi
Fleisch	kungbó	Kalebasse	angánga
Fluss	káppa od. kúppe	Kette, z. Zier	ngúmmu
		Kehle	góllo
gebunden	i-i	Kind	osómüyo
gekocht	niñi	klein	tititátte
Geschlechtstheil:		Knie	mbamattá
männlicher	ette	Knochen	klivi
weiblicher	illi	Kochtopf	kai
geschoren	dèdsyo	Köcher	evyé
Gift	fillè	Koble	kutté
Glasperlen	rekké	Kopf	kimme
Glocke	banganúngo	Korb	kaie
Grube, Grab	kuddú	Koth, excrem.	keh
Gruss	mátta	Krätze	mblégge
gross	kongoátte	Kürbisschale	kodungó
Guitarre	kundi	Kürbisfrucht	itti
		Krug z. Wasser	kiongú od. kaie
Haar	sikimme	Kräuter	okkó
Hammer	énze	Krieg	oddó
Hals	oggó	Kupfer	kélle
hart	ndúngu	Krank	ákká od. akkaká
Harn	ènde		
Haus	káli	Land	siddénze
Haut	akuá	lang	gangédde
Hälfte	kollá	Lanze	oldó
Häuptling	ge	Last	titti
heiss	keh	Leber	evyé
Hemd	vongó	Lügner	uffú
Herz	soggó	Lunge	kóffo
Himmel	luvió	Lippe	aukuá
Hirn	ngássio	Lendenschnur	
hoch	gangátte	(Gürtel)	úka
Honig	átta		
Horn	réši	Mädchen	miáše
Holz	kieh	mager	akó
Hüfte	mangúri	Mann	kuáse
hungrig	óggu	Mahlstein(Murhaga)	ú-u
		müde	fitáfyeh
Jahr	gúmmu	Mehl	sio

mehr	*gubigálle*	Salz	*enbé*
Merissabier	*meri*	Samen	*anguá*
Messer	*iébbe*	Sand	*zamundéh*
Milch	*óngo*	Sandale	*támme*
Mittag	*iddu* od. *úddudú*	scharf	*ukkú*
Monat	*éffe*	stumpf	*kukkú*
Mond	*diffá*	Schemel	*fètta*
Mund	*gúmmu*	Schild	*kigbá*
Mutter	*ihéh*	Schulter	*mbájo*
Mörser v. Holz	*mbéggi*	Schüssel v. Holz	*kolongbú*
		Scheermesser	*kénnue*
Nacht	*riné*	Schmidt	*ndaú*
Nachen	*joggu*	schmutzig	*ivvi*
nackend (ohne Schurz)	*ané*	schön	*úhu*
		schwarz	*cokúngoli*
Nagel am Finger	*klukpón*	Schweiss	*fatẍi*
Name	*ímezu*	Schwanz	*úivve*
nass	*pattagá*	schwer	*gúggu*
neu	*nzínzi*	Seriba	*mbátta*
Netz	*ata*	Sehne	*élle*, auch *èrrá*
Niere	*eiye*	Schnauzbart	*sámme*
		Sklave	*ménde*
Ohr	*ittú* od. *ittutú*	Sohn	*ibbé*
		Sonne	*óllo*
Pallisaden	*ké*	Spaten	*kutayú*
Pauke	*okpo*	Speise, Essen	*zéz-ze*
Pfeife z. Tabak	*kittabú*	Speichel	*ngússo*
Pfeil	*gindá*	Stachel	*idih*
		Sohle	*tsavogádza*
Raubzug	*éfyeh*	stark, kräftig	*mbóngbu*
Rauch	*nguío*	Staub	*léle*
Regen	*óngbo*	Stein	*úcu*
rein	*nzágga*	Stadt, gr. Dorf	*puá*
Rinde	*katze*	Stern	*zifa*
Rindenzeug von Urostigma	*liva*	Stirn	*tsitae*
		Strasse (Weg)	*kúngu*
Ring v. Eisen	*rongbó*	Strick	*uvvú*
Ringe, spiralige	*duppá*	Sturm	*auyó*
Rücken	*ndéjfi*	süss	*tsótso*
Rippe	*gédse*	Syphilis	*dèggé*
roh	*eh-utéh*		
		Tag	*léggi*
Sack	*mbatté*	Thau	*fotẍi*

Thür	mètti	Hündin	aŭóvio
Thon	ottutú	Ziege	ovyó
trocken	koh-yud	Ziegenbock	boggoló
Trumbasch (Wurf-		Hahn	okkó
eisen)	andó	Huhn	ngutté
Termitenhügel	ottó		
d. Todte, Leiche	tŝitŝi	**II. Wilde Thiere.**	
		Cercopithecus	
unbewohntes Land		pyrrhonotos	tóggua
(Wildniss)	duggé	CynocephalusBabuin	filli
unreif	ch-udéh	Igel	iddú
		Sorex sp.	diffi
Vater	fúo	Canis variegatus	ndággeh
viel	fiézze	Hyaene	mbuh
verrückt	póhkua	Genette	nifáh
		Löwe	singili
Wasser	ingu	Katze	dáve
Weib	áŝe	Kater	kuáŝedáve
Willkommen	bekanzó auch enzi-	Eichhörnchen	ánga
	zitte yállabo	Golunda pulchella	ngádse
		Meriones	fyáko
Zahn	iddi	Aulacodes Swin-	
Zange	affò	derianus	élle
Zeug	fóngo	Elephant	óffio
Zehe	eiyagatzá	Hippopotamus	fyongú
Zinn	ei-íma	Klippschliefer	ngáffe
Zunge	mélle	Phacochoerus	vungbá
Zaun	ndúggu	Giraffe	ndákkala
		Antilopen (Wild	
Völkernamen.		im Allg.)	kungbó
Nyamnyam	Kúnda	A. oreas	kóbbo
Nubier	Túrruku	A. Caama	kotzó
Baggara-Araber	Mandelá	A. scripta	kuffú
Dinka	Dŝangé	A. leucophaea	vunnungú
		A. difassa	bóggo od. vindi
Thiernamen.		A. leucotis und	
I. Hausthiere.		A. arundinacea	ngallá
Bulle	kuáŝe moddó	A. Madoqua	léffa
Kuh	moddó	Büffel	minde
Kalb	míŝe		
Pferd	morrotó	**Vögel.**	undú
Esel	kéŝe	Aasgeier	vúndo
Hund	óvio	Francolin	kággu

Turteltaube	kullungúdu	Anogcissus	ángba od. angbangbá
Halsbandtaube	vindutú	Soymida	zille
Rabe	oddúló	Loranthus	gongú
Perlhuhn	keffá	Bauhinia tama-	
Chamaeleon	kilénga	rindacea	osyú
Crocodil	ímme	Combretum macro-	
Frosch	rutsyó	phyllum	fyédde
Fische	ésse	C. coriaceum	ndárra
Fliege	ovúngo	Grewia micropetala	enzi
Ttetsefliege	ngisá	G. venusta	évvi
Biene	útsye	Urostigma glumosum	killikilli
Heuschrecke	kellá	Diospyros	tkummú
Holzkäfer(botrychi)	létte	Rhus pyroides	fattagádde
Mücke	óhsio	Strychnos innocua	ndóllu
Wespe(Eumenes tinctor)	tugusú	Stephegyue africana	nungú
Spinne	usidú	Lonchostylis phile-	
Scorpion	tkingalé	noptera	uliá, ariá
Termite	okkó	Butyrospermum	livya
Guineawurm	tébbe	Anonychium lance-	
Kaurischnecke	mata	olatum	inzi
		Acacia Catechu	viti

Pflanzennamen.

I. Culturpflanzen.

		A. sejal	isisi
		Mimosa asperata	úggi mindé
Sorghum vulgare	isi	Zygia Brownei	affú
Penicillaria	keh	Anona senegalensis	báfi
Eleusine coracana	ukú	Ximenia	lúkpo
Mais	šuvei	Zizyphus abyssi-	
Arachis	póllo	nicus	lingi
Sesam	ossosó	Chrysophyllum	ndókko
süsse Batate	vogúnda	Detarium	lotyo
Banane	bóggu	Capparis Hart-	
Zwiebel	álla	manni	láffi
Nicotiana Tabacum und N. rustica	tábba	Borassus	dolánze
		Celastrus coriaceus	ingi
Jams	áva	Calamus	sáffya
Cucurbita maxima	okkóitsi	Gossypium	itandé
Lagenaria	angánga	Bambusa	tébbetébbe

II. Bäume. kehkeh.

		Carpodinus dulcis	kúvi
Cassia fistula	pérve, pélle	Afzelia	mbénde
Vitex Cienkowskii	éro od. éllo	Caillea	yondú
Sarcocephalus	óndu	Crossopteryx	tivi
Terminalia		Odina	ndillé
macroptera	yáffa	Humboldtia	akká

Bandiad umetorum *dáffa*

III. Kräuter. *okkó*

Gräser	*kúnu*
Breweria malvacea	*izilirimba*
Asparagus	*dungbuttú*
Sansevieru guineensis	*rusekellé*
Imperata	*aryé*
Phragmites	*ingille*

Zeitwörter.¹)

aufhören *kósinio*	melken *fuffu* oder
baden *kańóngu*	*fiófio*
beerdigen *kuddú*	nehmen *kiḱi*
beten *ngáma*	pfeifen *fyégge*
beischlafen *tungbáši*	reiten *ó-o*
blasen *lélle*	säen *lélle*
bleiben *dúhte*	sagen *féffe*
brennen *aúo*	sammeln *findé*
entfliehen *katpéh*	schlafen *olló od. olló lo*
erbrechen, sich *iži*	scheeren *dúodoyo*
essen *izze* od. *sézze*	schnarchen *góṅe*
fallen *kátte*	schneiden *yeia*
fegen *kòh*	schreien *ukkú*
fragen *i-ih*	schweigen *dikki* od.
gebären *mike*	*dikéli*
gehen *nénne*	sitzen *dúlu*
giessen *ihyi*	stehen *lèajö*
hauen *tautsu*	speien, spucken
heben *tigéoju*	*musakeké*
hinken *tèttele*	springen *dèedsya*
hören *nindé*	stossen *mbimbi*
husten *tikka*	suchen *fíjje*
heissen:|	tätowiren *málle*
wie heisst d. Bach?	trinken *nzúnzu*
ingungogo.nö?	verschneiden *yeiya*
kaufen *iyi* od. *i-yh*	waschen *tsotsogó*
kennen *inkaú-u*	werfen *gógen*
komm *nóggo*	wollen *ihindábbo*
lachen *kitsá*	zählen *didule*
laufen *paia*	zeigen *mbagatténn*

zerbrechen *kozilázi* zudecken *frugdlla* od. *kokkó* zittern *bíbi*

Zahlwörter.

1	*mbáli*
2	*biži*
3	*bitta*
4	*bánda*
5	*zónno*
6	*tšimmi tongbáli*
7	*tšimmi tobíži*
8	*tšimmi tobitta*
9	*tšimmi to bánda*
10	*nijo*
11	*njijo séh mbáli*
12	*njijo séh biži*
13	*njijo séh bitta*
14	*njijo séh bánda*
15	*njijo séh zónno*
16	*njijo séh tšimmi tongbáli* (etc.)
20	*kjingmbáli*
30	*kjingmbáli tšimmi to nijo*
40	*kibiži*
50	*kibiži tšimmi to nijo*
60	*kibitta*
70	*kibitta tšimmi to nijo*
80	*kibánda*
90	*kibánda tšimmi to nijo*
100	*ki zónno*
200	*ki nijo*

Fürwörter etc.

ich, wir *ngémme*
du, ihr *ibbe*
er, sie *ih*
mein, unser *ngélemma* od. *gaddé*
dein, euer *gadibbe* od. *nglibbe*
sein, ihr *gadí-ih* od. *ngli-ih*
jener *bèza*
auf *itti* od. *immi*

---

¹) Die aufgeführten Formen sind imperativisch, wo sie ohne Fürwort bleiben.

bei *támmande*	gestern *mbéffe*	nichts *sisse* oder	laut *ndúngo*
für *táffe*	heute *leggi*	*sisst*	voll *unzúla*
in, darein *ki*, *kisso*	wann? *edilando?*	und *níddi*	voraus *diukkó*
nach, hin *ésse*	warum, *etajéo* od.	deshalb *lingéne*	dort *béhna*
unter *satéh*	weshalb *itáféno?*	genug *lesinde*	draussen *pelli*
über *yáfo*	wer *géddeh?*	gerade *ndánge*	hier *inánge*
mit, zusammen	wie *méhsinde?*	geschwind *syenyéh*	oben *yájo*
lekülle	wieviel *roh?*	nahe *támme*	rechts *ndángene*
zu (Richtung) *ésse*	wo *sau?*	langsam *nénno-*	links *ndúa*
jetzt *tittágge*	ja *ío*	*mánna*	
früh *dítsá*	nein *aúo*		

VI. Dinka Sprache.

Proben vom Stamme der *Mohk* am Tondy-Flusse 7° 20' n. Br.
(Aussprache wie bei der Dyur-Sprache.)

Thier-Namen.

Cercopithecus		Hippopotamus	*nang*
pyrrhonotos	*agòk*	Phacochoerus	
Galago senegalensis	*londórr*	Aelianii	*diehr*
Canis familiaris	*dong*	Camelopardalis	
Canis variegatus	*auann*	Giraffa	*mehr*
Proteles Lalandii?	*péndéh*	Antilope oreas	*golguáll*
Hyaena crocuta	*angui*	A. leucophaea	*amómm*
Viverra Genetta	*ángonn*	A. difassa	*pohr* od. *fohr*
Herpestes fasciatus	*agórr*	A. leucotis	*tihl*
Felis Leo	*kohr*	A. arundinacea	*kèo*
Felis Leopardus	*kuál*	A. scripta	*pehr* od. *jehr*
Felis Serval	*dohk*	A. Caama	*alaluéhl*
Felis maniculata	*angaú*	A. Addax	*unidól*
Sciurus sp.	*ullòhl*	A. megaloceros	*abóhk*
Mus rattus	*lohk*	A. senegalensis	*tiáng*
Golunda pulchella	*manáng*	A. grimmia	*amúhk*
Meriones sp.	*malualkòndo*	A. Madoqua	*lohd*
Aulacodes Swin-		Bubalis caffer	*anár*
derianus	*loń*	Zur Viehzucht gehörige Ausdrücke.	
Lepus aethiopicus	*anorr*	Ader	*piaú*
Elephas africanus	*akónn*	After	*umohk*

Afterklaue	myattéh	Kreuzknochen	angúhng
Atlasknochen	lummlohl	Kuh	nguht
		Krankheiten:	
Backenzähne	uótt	1) vorübergehende,	
Bauch	yau	besteht in 2tä-	
Beckenknochen	è-uí od. vui	gigen Verweigern	oluáng-duáng
Bulle	tonn	v. Speise u. Trank	
Butter, frische	yatt, yatt guérr	2) in der Nacht fal-	
Butterschmalz	myiókk	lend unter An-	abuótt
Buttermilch	mòhk	schwlL d. weibl. Geschlechtstheile	
Darm	kihn		
Dickdarm	toh, uvott-kudókk	Labmagen	mohk
Dünndarm	kihn od. jihn	Leber	tłuéng od. tuóng
		Lenden	pihl
Euter	nau	Luftröhre	arohl, rohl
		Lunge	yakyák
Fuss	ëyuók		
		Magen	yát
Gallenblase	keht	Magenwürmer	
Gaumen	narr, ngéb	(Amphistoma)	ngań
Gelenkkopf am		Mark	noll
Femur	atìulim	Mastdarm	tohr
Gehirn	nett	Milch, frische	ëya
Genick	ngokk	Milch, saure	kel
		Milch, geküste	anòht
Halsdrüsen	moingmoi	Mittelfuss	luómm dehr
Harnblase	ulál od. aléhy	Muffel	uúmm
Harn v. Ziegen		Milz	takk
u. Menschen	lèl	Mist vom Rind	uéhr
Harn v. Rind	kètt	Mist von Ziegen	dèhmtòkk
Herz	puóhk od. pòh	Mist v. Menschen	ïyett
Hörner	tuhng		
Hoden	abéhn	Nabel	tohr
Höcker	duóll	Niere	rohk
		Netzhaut	miòkk
Kehldeckel	luómm tih	Netzmagen	yaltinòht
Kehlkopf	a-godd-godd		
Kalb	dau	Oberarm	ungohk
Klauenseuche	aléng	Oberschenkel	uóhl od. uòhl
Klaue	mòtt	Ochs	bol, mohr
Knochen	lumm od. luomm	Ohr	èyih
Knie	diéhr		

Penis	ǩull	Zwerchfell	riṅ-aśóṅ od. aṅòtt-tuéng
Psaltermagen	luóhk		
Rinderarten:	uéng (Rind. i. Allg.)		

Völkernamen.

mit abwärts gehen-	
den Hörnern	magéhr
scheckige	ṅantéhm
hornlose	aḱót
gelbbraune	alléll
isabellfarbige	mayómm
gestreifte	ṅang
schwarze	atťuóhl
Rücken	kau

Im Allgemeinen als Volk im Grossen nennen sich alle Stämme der Dinka	Dangéh
Die den Dyur benachbarten Stämme unter 7° 20' —30' n. Br. nennen sich	Manáng
Bongo	Dohr [1])
Schiluk-Luoh	Duhr

Schaaf	amáhl
Schenkel	lahm
Sehne	rahl
Schwanz	yoll
Schwanzquast	duórr
Schulterblatt	aremm
Speiseröhre	aľékk od. aľućkk
Unterarm	alóhkdièh
Unterschenkel	alóhkdièh
Unterkiefer	ľuómm-gemm od. a-yuáhl
Vorderzähne	ṅihm
Vorhaut	bióh
verschnitten	è-boť
Wamme	lokk
Wanst	yaľ
Wirbelknochen	luhľ
Zähne	letť
Ziege	tòhk
Ziegenbock	tòhktónn
Zitzen	tihn
Zunge	ľepp
Zungenbein	ľuómm ľepp tárr

Pflanzennahmen.

Butyrospermun	rahk
Borassus	Akóht
Tamarindus	tťuai
Combretum sp. macrophylla	ṅuóhr-gerkin
Combretum sp. coriacea	ṅuóhr-šohl
Vitex Cienkowskii	kurṅúk
Diospyros	butšóll
Anonychium lanceolatum	ǵerr
Cassia fistula	behl
Acacia verugera	koht
A. Sejal	Otérr
Acridocarpus	kerkán
Zizyphus abyssinicus	lann
Grewia venusta	apiátt, afiátt
G. micropetala	aťuóll-ginohk
Euphorbia Candelabrum	bohl
Crossopteryx	killingbá
Afzelia	abéll
Lonchostylis philenoptera	kobbó
Terminalia macroptera	piṅkk
Strychnos innocua	allonkoi

[1]) Die Ṅubler, welche diesen Namen zum Theil adoptirt haben, bilden daraus den Plural Deràn.

Loranthus	kallëhk
Anogeissus	amétt
Ximenia	meláht
Rhus pyroides	riámm
Anona senegalensis	yorbëhr
Bauhinia tamarindacea	pat
Gardenia	dong
Odina	kitt
Randia dumetorum	kahr
Stephegyne africana	adádd
Humboldtia	billing
Khaya	tiht
Carpodinus dulcis	apómm
Cappbris tomentosa	abáń
C. Hartmanni	mui-it
Parinarium excelsum	akumbó
Parkia	akónn
Pterocarpus abyssinicus	digdik
Balanites	tau
Stereospermum	apóll
Celastrus coriaceus	koh amelátt
Phragmites	a-róhr
Imperata	bińóhk
Physanthemum	lukónn
Vernonia Perocttetii	akéhr
V. Hochstetteri	mayómm

Asparagus Pauli-Guilielmi	dünger
Cadaba farinosa	anéht
Cissus Schimperiana	abát
Dolichos frutescens	akèr
Crinum Tinneanum	akurbióng
Papyrus	aguódd
Breweria malvacea	mabiórr
Erythrina tomentosa	téhruing
Kosaria	ayóhl
Kaempferia aethiopica	madóhl
Cochlospermum	aloht
Sauromatum	leht
Momordica Vogelii	a-diótt
Drimia lilacina	lobbó
Herminiera Elaphroxylon	uórr

Zahlwörter.

1	tohk	7	doróh
2	roh	8	bèht
3	dak	9	dongahn
4	ngahn	10	tiáhr
5	diëhd	20	tiáhr kroh
6	datómm		

Verlag von WIEGANDT & HEMPEL in Berlin.

Zeitschrift
für die
gesammten Naturwissenschaften.
Original-Abhandlungen
und
monatliches Repertorium der Literatur
der
Astronomie, Meteorologie, Physik, Chemie, Geologie, Oryktognosie, Palaeontologie, Botanik und Zoologie
herausgegeben von
Dr. C. G. Giebel,
Professor an der Universität in Halle.

XXI. Jahrgang 1873.
(Band 41 u. 42.)

Die Forschungen auf dem Gebiete der Naturwissenschaft haben in den letzten Jahrzehnten einen so bedeutenden Umfang genommen und folgen einander so sehr schnell, dass es dem Einzelnen und selbst dem Fachmanne auf seinem engen Gebiete kaum noch möglich ist, den weit in der Literatur zerstreuten neuen Ergebnissen zu folgen und dieselben sich anzueignen, dem fern von grossen literarischen Mittelpunkten arbeitenden Forscher aber wie jedem Lehrer und ernsten Freunde der Naturwissenschaft bleiben die ihn unmittelbar interessirenden allgemeinen Resultate der neuen Detailforschungen theils völlig unbekannt, theils gelangen sie erst spät und nur gelegentlich zu seiner Kenntniss. Und doch tritt mit den sich schnell steigernden Fortschritten der Einzeluntersuchungen der innige Zusammenhang aller naturwissenschaftlichen Disciplinen, das vielfache Ineinandergreifen derselben immer stärker und damit die Nothwendigkeit wenigstens von den allgemeinen Fortschritten auf dem Gesammtgebiete Kenntniss zu nehmen, an jeden Einzelnen immer drängender heran.

Die Zeitschrift für die gesammten Naturwissenschaften hat sich neben der Aufgabe durch Veröffentlichung neuer Untersuchungen die Wissenschaft direct zu fördern noch die besondere gestellt, in ihren monatlichen Heften Bericht zu erstatten über die neuen Forschungen auf dem Gebiete der Astronomie und Meteorologie, der Physik und Chemie, der Geologie, Oryktognosie, Palaontologie, Botanik und Zoologie, jede dieser Disciplinen in weitestem Umfange genommen. Die vorliegenden 36 Bände, welche seit 17 Jahren in monatlichen Heften regelmässig und ohne Unterbrechung erschienen sind, enthalten eine lange Reihe von Original-Abhandlungen und Mittheilungen aus allen Naturwissenschaften und bieten zugleich ein fortlaufendes Repertorium über die gesammte naturwissenschaftliche Literatur, wie ein zweites gleichumfassendes und vollständiges von keinem andern wissenschaftlichen Journal geliefert wird. Die Literaturberichte sind je nach ihrer wissenschaftlichen Bedeutung bald kurz, bald ausführlich und eingehend, so dass sie auch dem Specialforscher, welchem nicht die umfangreiche periodische Literatur zugänglich ist, befriedigende Auskunft gewähren; insbesondere aber berücksichtigen sie die nur vereinzelt in den Privatbesitz gelangende Literatur der zahlreichen naturwissenschaftlichen Gesellschaften und Institute aller Länder. Ihr Erscheinen in monatlichen Heften hat den grossen Vorzug vor den auch nur über einige Gebiete vorhandenen Jahresberichten, dass die neuen Arbeiten schnell, meist sofort nach dem Erscheinen der Quellen berichtet werden, und so in jeder Forscher von den seine eigene Thätigkeit unmittelbar berührenden Arbeiten unverzüglich in Kenntniss gesetzt wird.

Der Naturforscher, welchem Gebiete er auch seine forschende Thätigkeit widmen mag, findet also in jedem Monatshefte unserer Zeitschrift Mittheilungen von besonderem Interesse, jeder Lehrer der Naturwissenschaften an höhern und mittlern Schulen kann mittelst ihr — und eine andere gleichen Umfanges, gleich reichen Inhalts ist ihm gegenwärtig nicht geboten — sich fort und fort auf der Höhe der Wissenschaft erhalten, monatlich reiche Belehrung, Anregung und neues Material für den Unterricht schöpfen. Als gegenwärtig einziges Repertorium über alle Theile der Naturwissenschaft, begleitet von wichtigen Original-Arbeiten macht unsere Zeitschrift gerechten Anspruch auf einen Platz in jeder wissenschaftlichen, in jeder Schulbibliothek.

Um der Zeitschrift die verdiente allgemeinste Verbreitung, ihre Beschaffung auch dem minder Bemittelten, welchem die kostspielige naturwissenschaftliche Fachliteratur unzugänglich bleibt, zu ermöglichen, ist der Subscriptionspreis für den ganzen Jahrgang von zwei Bänden in zwölf Monatsheften von je 5—6 Druckbogen und mit den erforderlichen illustrirten Beilagen auf nur 6 Thaler gestellt und werden die seither erschienenen 36 Bände unter den günstigsten Bedingungen den neu eintretenden Abonnenten auf Verlangen nachgeliefert.

In demselben Verlage erschienen:

Alexander von Humboldt.

Festrede, bei der von den naturwissenschaftlichen Vereinen Berlins veranstalteten Humboldtfeier, gesprochen am Säculartage, den 14. September 1869
von **A. Bastian.**
Zweite Auflage. Preis 7½ Sgr.

Die Weltauffassung der Buddhisten.

Vortrag, gehalten im wissenschaftlichen Verein zu Berlin
von **A. Bastian.**
Preis 10 Sgr.

Beiträge zur Ethnologie

und darauf gegründete Studien
von **A. Bastian.**
Ein starker Band in Lex.-Octav. 1871. Preis 5 Thlr.

Religion und Theologie.

Lose Blätter der Zeit von einem Lehrling im Dienste der Anthropologie.
Heft 1. Preis 10 Sgr. Heft 2. 15 Sgr. Heft 3. 15 Sgr.

Die Darwinsche Theorie.

Verzeichniss der über dieselbe in Deutschland, England, Amerika, Frankreich, Italien, Holland, Belgien und den Skandinavischen Reichen erschienenen Schriften und Aufsätze
zusammengestellt von
F. W. Spengel.
Preis 10 Sgr.

Rathschläge
für
anthropologische Untersuchungen
auf
Expeditionen der Marine.

Auf Veranlassung des Chefs der Kaiserlich Deutschen Admiralität
ausgearbeitet von der
Berliner Gesellschaft für Anthropologie, Ethnologie und Urgeschichte.
Preis 7½ Sgr.

Zeitschrift für Ethnologie.

Organ der Berliner Gesellschaft für Anthropologie, Ethnologie und Urgeschichte.

Unter Mitwirkung des zeitigen Vorsitzenden derselben, R. Virchow, herausgegeben
von **A. Bastian** und **R. Hartmann.**

Die Gegenstände, welche im Speciellen ihre Behandlung finden werden, theilen sich vornehmlich unter folgende Rubriken:

Ethnologie in ihrer culturgeschichtlichen Bedeutung. Abstammung, Eintheilung, Verbreitung der Racen, politische Geschichte, Verfassung, Rechtszustände, Mythologien, Religion, Kleidung, Schmuck, Wohnung, Nahrung, Waffen, Geräthe, Ceremonien u. s. w. der Völker

Anthropologie (Anatomie, Physiologie, individuelle Psychologie). Beschreibungen des Knochenbaues, des physischen Habitus, der Entwickelung. Methode der Schädel- und Körpermessungen. Gehirnuntersuchung.

Paläontologie, Archäologie. Verwerthung der Gräberbefunde für die Kenntniss vorhistorischer Völker. Entsifferung der diesen angehörendem Gräberbefunde.

Linguistisches, insoweit dasselbe die Abstammung eines Volkes, die Verkettung und Abgränzung der Stämme mitzubegründen vermag. Keine in sich abgeschlossenen, grammatikalischen Abhandlungen, keine kritischen, polemisirenden Artikel über allgemeine philologische Fragen, sondern kurze, schlagende Darstellungen der Eigenthümlichkeiten und Verwandtschaften der Sprachen.

Vergleichende Psychologie, als Völkerpsychologie.

Volkskrankheiten, medicinische Statistik.

Zoologie. Geschichte und Beschreibung der domesticirten, sowie derjenigen wilden Thiere, welche als Gegenstände der Jagd, des Fischfanges, religiöser Verehrung u. s. w. dienen.

Botanik. Geschichte und Beschreibung der zur Nahrung, Kleidung, als Volksheilmittel, zu Bauzwecken u. s. w. dienenden Pflanzen und Pflanzentheile. Specielle Fragen der Systematik, Prioritäts-Streitigkeiten und morphologische Controversen sind ausgeschlossen.

Geographische Ethnologie, mit Berücksichtigung der Meteorologie, Klimatologie, Geologie und des allgemeinen geographischen Charakters für die Abhängigkeit des Menschen von seiner Umgebung.

Referate, Recensionen, Bibliographie.

In der Zeitschrift für Ethnologie werden ferner publicirt:

Die Verhandlungen der Berliner Gesellschaft für Anthropologie, Ethnologie und Urgeschichte.

Es erscheinen von der „Zeitschrift für Ethnologie" jährlich 6 Hefte in Lex.-8. mit zahlreichen lithographirten Tafeln. Preis per Jahrgang 6⅔ Thlr.